IOANNIS TZIVANAKIS

WORTSCHATZ

DES LEBENS

ITV

Inhalt

Für meine Eltern

Einleitung

Was macht uns zufrieden? Und was ist Zufriedenheit selbst?

Was sind Emotionen? Und was genau ist Erfüllung?

Was wollen wir im Leben? Und worin besteht Lebensmeisterschaft?

Was brauchen wir im Leben? Und was sind Lebensfähigkeiten?

Wie tickt die Wirklichkeit? Was ist der Beitrag der Wissenschaften?

Was ist Verstehen selbst? Warum ist es so wertvoll?

In über sechshundert Definitionen erhalten wir in diesem Buch Antworten auf alle diese Fragen sowie Einblicke in die Grundbausteine der Wirklichkeit, in die wichtigsten Lebensfähigkeiten, in wesentliche menschliche Eigenschaften, in zentrale Aspekte der menschlichen Existenz und in Schlüsselelemente des Lebens, des Wissens und des Handelns.

Die wichtigen Aspekte und Dimensionen unseres Lebens als auch die überragende Rolle des Verstehens von allem, was uns das Leben selbst mitteilt und noch mitteilen könnte, der Kontext also, in dem alle Worteinträge eingebettet sind, ist der Gegenstand des ersten Teils des Buches.

TEIL I

Der Sinn des Lebens

1. Das besondere Wunder des Lebens

Das Leben ist ein Wunder. Nicht wahr?

Das Leben als ein Wunder anzusehen, muss nicht bedeuten, dass das Leben immer ein schönes Ereignis oder immer ein leichtes Existenzgefühl ist.

Genauso wenig bedeutet es, dass das Leben immer etwas schwieriges oder leidvolles ist.

Aber ein Wunder ist es auf jeden Fall. Sowohl darin, woher es kommt, wie es zu Stande kommt oder wodurch es entsteht, unter welchen Bedingungen es gedeiht oder verkümmert, als auch darin, dass es überhaupt da ist, dass es überhaupt existiert.

Genauso gilt das alles auch für die ganze Welt, für die ganze Manifestation, wie Wittgenstein (nächste Seite) treffend feststellt.

Und hier sind wir. Samt all unseren Mit-Lebensgenossen. Und nehmen daran teil. Am Leben. Wir sind Teilhaber dieses Ereignisses, dieses Daseins und Stroms des Existierens und insbesondere Fühlens. Denn, mal unter uns: ohne die Fühlfähigkeit, ohne das Spürenkönnen kriegen wir das Leben nicht mit; nicht wahr?

„1.   Die Welt ist alles, was der Fall ist.

1.1   Die Welt ist die Gesamtheit der
       Tatsachen, nicht der Dinge.

       ....

2.   Was der Fall ist, die Tatsache, ist das
       Bestehen von Sachverhalten.

2.01   Der Sachverhalt ist eine Verbindung
       von Gegenständen (Sachen, Dingen).

       ....

6.44   Nicht wie die Welt ist, ist das
       Mystische, sondern dass sie ist."

Ludwig Wittgenstein

Ist also dieses Fühlen, dieses Spüren das wahre Wunder? Und selbstverständlich immer wieder auch die Herausforderung?

Ist nicht die einzig mögliche Antwort darauf ein Ja? Sind diese Fragen nicht nur zu bejahen? Denn wie sollen sie negiert werden? Und ist nicht dieses Ja die leichteste Antwort darauf, da es so selbstverständlich ist?

Einverstanden. Es bedarf keines großartig angelegten Nachdenkens, wenn wir eine Weile gelebt haben, und dies auch mitgekriegt haben, um gewiss zu sein, dass dieses Ja richtig ist.

Mental und durch den Verstand geprüft ist solch ein Ja einfach und leicht.

Ist jedoch ein Ja zum Leben als ganzes genauso einfach und leicht möglich? Sehr wahrscheinlich oder ganz sicher nicht. Denn das Leben als ganzes schenkt uns nicht nur gute, schöne oder einigermaßen erträgliche Momente und Phasen, sondern sehr oft auch sehr schwere oder ziemlich leidvolle.

Das Leben als ganzes vor solch einem Hintergrund zu bejahen ist vielleicht oder eher dann umso leichter oder möglicher, je reifer unsere Lebensfähigkeiten sind und je tiefer unsere Lebensmeisterschaft in den Gesetzen der Wirklichkeit wurzelt.

2. Das Leben in einer verschlüsselten Welt

Wenn wir die Teile eines Puzzles, eines Bildrätsels zum Beispiel, richtig zusammenlegen, so ergeben sie ein Bild, das dann die Lösung des Puzzles darstellt. Der Inhalt dieses Bildes wird augenblicklich klar, sobald alle oder zumindest die meisten Bildteile richtig zusammengelegt sind, d.h. so miteinander angeordnet sind, wie sie zusammengehören. Der Zweck eines solchen Bildrätsels ist, dass sich sein Inhalt dadurch offenbart, dass die Bildbausteine, aus denen dieser Inhalt besteht, räumlich richtig strukturiert und angeordnet werden. Dieser Zweck wird erfüllt in dem Moment, in dem das Bild in seiner Gesamtheit dargestellt ist und offenbar wird.

Die Idee eines Ganzen und seiner Teile, die einem Bildrätsel innewohnt, ist genauso in vielen anderen Beispielen und Bereichen zu finden. Die selbe Logik gilt zum Beispiel für ein Gericht, was wir zubereiten wollen, und zwar so, dass die Konsistenz und der Geschmack der zubereiteten Nahrung für unser Empfinden stimmig sind.

Wenn sich jedoch beim Bildrätsel ein Bild in seiner Gesamtheit offenbart, indem wir die Bildteile richtig zusammen anordnen, so müssen wir, wenn wir ein Gericht zubereiten wollen, sowohl die unterschiedlichen Nahrungsmittel beschaffen, die wiederum sich in einem richtigen Zustand befinden müssen, als auch die richtige Menge für jedes Nahrungsmittel bestimmen, und zwar anteilig, also im richtigen Verhältnis zu den anderen Zutaten. Und dann kann es auch die richtige Mischform oder Zusammenlegung benötigen wie auch den Grad des Garseins.

Die Aktivität des Zubereitens eines Gerichts enthält zwar wieder die Idee eines Ganzen und seiner Teile, jedoch ist hier die Art der Teile sowie die Art der Zusammenlegung der Teile zu einem Ganzen eine ziemlich andere als bei einem Bildrätsel.

Je nach Beispiel oder Bereich ist ein Ganzes immer das, was sowohl die Art der notwendigen Teile als auch die Art der Zusammenlegung dieser Teile zu diesem Ganzen bestimmt. Wenn wir wissen, was wir erreichen wollen, wenn wir wissen, welches Ganze sich ergeben muss, erst dann können wir die richtigen Teile und die entsprechende Zusammenlegung dieser entscheiden.

Denn das Ganze kann jeweils etwas völlig anderes sein. Es kann ein Garten sein. Es kann ein Buch sein. Es kann eine Tätigkeit sein. Es kann eine Gruppe von Menschen oder anderen Entitäten sein. Es kann eine Organisation sein. Eine Schule. Ein Unternehmen. Eine Familie. Ein Dorf, eine Stadt, ein Land. Es kann aber auch ein Argument sein. Ein Zustand auch. Oder eine Zeitplanung. Eine Strategie. Oder eine Beziehung. Es kann alles Mögliche sein.

Damit ein Ganzes, was auch immer das Ganze ist, sich ergeben kann, ist immer eine entsprechende Angeordnetheit notwendig. Und eine Angeordnetheit ist die <u>bestimmte Art und Weise der Beschaffenheit aller Elemente in einem System</u>, d.h. in einem Ganzen, <u>und deren Beziehungen zueinander</u>.

Wenn nun das Leben als ganzes das ist, worum es uns geht, dann ist es unumgänglich wichtig, die meisten oder am besten alle Elemente oder Teile zu kennen und zu verstehen, die für ein mehr oder weniger gemeistertes und erfülltes Leben notwendig sind.

Wenn sich der Zustand dieser Elemente in der angemessenen Beschaffenheit befindet und diese Elemente in der richtigen Beziehung zueinander zusammengelegt sind, so ist das Ergebnis ein erfülltes Leben.

Ein erfülltes Leben ereignet sich, wenn all dies

stattfindet, wozu dieses Leben <u>von seiner sich selbst</u> <u>erfüllenden Natur aus</u> gedacht ist. Solange dieses Leben nicht zu dem wird, wozu es von seiner sich selbst erfüllenden Natur und von seiner selbstaktualisierenden Tendenz aus gedacht ist, ist es noch nicht ganz „wirklich", sondern teilweise verwirklicht und ansonsten weiter (nur) ein Potenzial oder eine Möglichkeit.

Sind die stimmigen Möglichkeiten eines Lebens entfaltet und verwirklicht und zu dem geworden, wozu sie gedacht waren, so ist solches Leben erfüllte Realität. Es ist ein <u>erfüllend realisiertes Leben</u>.

Was also sind die Teile dieses Ganzen, dieses erfüllenden und realisierten Lebens?

Und in welcher Beschaffenheit sollen sie existieren?

Wie müssen sie miteinander angeordnet und aufeinander bezogen sein?

Und welches Wissen der großen und weiten Welt und welche Fähigkeiten darin sind dazu notwendig?

3. Verstehen als Entschlüsselungsfähigkeit

Jeder gewöhnliche oder normale Augenblick enthält alles Wissen und kann – unter Umständen und wenn dieses Wissen genutzt wird – auch jede notwendige Voraussetzung erfüllen für ein Leben oder Sein, das selbstnährend zufrieden ist. Mit allem, was es in jedem Augenblick braucht.

Jedoch nutzt alles Wissen nicht, wenn wir es nicht anzapfen können oder Zugang dazu finden, um uns damit zu nähren. Für ein volles oder erfülltes Leben brauchen wir daher erstens das notwendige Wissen dazu und zweitens die richtigen Umstände.

Nach Leibniz leben wir in der besten aller möglichen Welten, weil Gott gütig sei und er die Welt erschaffen habe.

Nach Spinoza ist es möglich, mehr und mehr an der Natur als ganzes oder an dem Göttlichen – was für Spinoza dasselbe sei – zu partizipieren oder eins damit zu werden, was die höchste oder wahrste Form der Existenz sei und wahren Frieden bedeute.

Im Fall von Buddha oder Schopenhauer, bei denen sogar das Leiden als Grundmerkmal menschlicher Existenz erkannt wird, gibt es den Ausweg

> „So habe ich über Gott und Natur eine ganz andere Meinung als jene, die ... gewöhnlich vertreten wird. Ich fasse nämlich Gott als die immanente und nicht als die äußere Ursache aller Dinge. Ich behaupte eben, dass alles in Gott lebt und webt."
>
> Benedictus de Spinoza

daraus, sobald wir verstehen, was Sache ist, und das Unmögliche nicht mehr jagen, sondern von ihm loslassen oder ähnlich. Doch wie geht das?

Unabhängig davon, dass ich mich durch meine Erfahrung Spinoza am nächsten fühle, und unabhängig von diesen Namen der Philosophie und Spiritualität, auch wenn diese nur einige von vielen sind und eben die, die mir gerade dazu einfallen, bestätigen kann ich, wie befreiend, handlungsweisend und überhaupt erhellend das Verstehen der Realität sein

„Aber obschon das Weltgesetz allen ge-
mein ist, leben die meisten doch so, als
ob sie eine eigene Einsicht hätten."

Heraklit

kann.

Verstehen an sich, wann auch immer es stattfindet, ist ein erfüllendes Ereignis. Und das ist nicht besonders überraschend, denn wir sind symbolische Wesen.

Alles, was uns begegnet, hat eine Bedeutung oder auch Bedeutsamkeit für uns. Sie zu kennen oder durch Verstehen zu erkennen und herauszufinden ist ein Beitrag zur Stimmigkeit dessen, was wir erleben. Es trägt immer zur Entspannung unserer Befindlichkeit bei. Vor allem, wenn es um das Verstehen der Realität geht. Dann entspannt sich eben und erhellt sich das Ganze.

Hiermit ist nicht gesagt, dass bloßes Verstehen alles regelt, nein. Handeln bleibt dadurch nicht ausgelassen. Aber durch das Verstehen wird auch das Handeln in seinem Wozu und in seinem Wie klar.

Ist es denn nicht entspannend, zu verstehen, warum wir etwas tun? Oder warum wir etwas tun wollen oder warum wir etwas tun müssen? Verschafft es uns nicht Klarheit und Ruhe?

Zugegeben, Verstehen ist nicht immer leicht. Es ist zum Beispiel sehr leicht nachzuvollziehen, wenn wir an die Menge oder Anzahl von zwei Dingen, also Äpfeln beispielsweise, denken, wenn uns die Ziffer

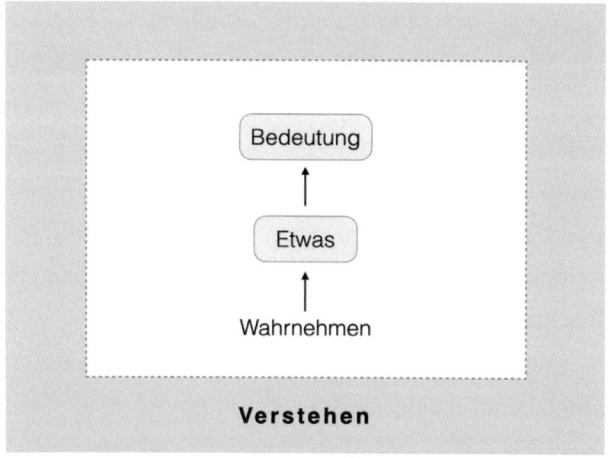

Verstehen

2 begegnet. Die Anzahl von zwei Dingen ist die richtige Bedeutung der Ziffer oder des Symbols 2, das eben für diese Bedeutung steht.

Etwas subtiler jedoch oder mindestens indirekter und daher schwieriger kann das Verstehen oder in diesem Fall das Deuten werden, wenn wir das unklare Lächeln von jemandem mitkriegen. Ist Freundlichkeit gemeint? Oder vielleicht Ironie? Manchmal ist so etwas klar, manchmal nicht.

Oft ist es genauso schwierig, eigene Emotionen zu verstehen und was sie bedeuten, d.h. wodurch sie entstehen oder wovon sie ein Ausdruck sind.

Auch wenn Verstehen nicht immer leicht oder zumindest nicht sofort möglich ist, immer wenn wir etwas verstehen, vollziehen wir einen doppelten Wahrnehmungsakt. Wenn ich also die Ziffer 2 wahrnehme und gleich oder augenblicklich auch den Inhalt dieser Ziffer, also die Anzahl zwei, so ist diese Anzahl als Inhalt der Ziffer das, was ich hinter der schon wahrgenommenen Ziffer wahrnehme. Ich nehme also etwas wahr und gleichzeitig nehme ich das wahr, was dieses etwas bedeutet.

Wenn ich etwas wahrnehme und auch seinen Inhalt oder seine Bedeutung, sein Wesen, seine Identität – sehr oft auch seinen Grund oder seine Ursache – wahrnehme, empfinde oder erlebe, dann verstehe ich es.

Dies gilt für Gegenstände oder Dinge oder auch für Beziehungen zwischen Dingen. Man versteht zum Beispiel auch einen Zusammenhang zwischen einer Regierungspolitik und der Zufriedenheit der regierten Bevölkerung. Oder den Zusammenhang der Handlungen einer Person und den Einfluss dieser Handlungen auf eine andere Person. Oder die Wirkung von Nahrung auf unser Empfinden. Oder, oder, oder...

Wenn wir etwas verstehen, dann haben wir es also immer mit dem Inhalt, dem realen Gegenwert einer oder mehrerer Sachen zu tun, oder mit der realen Entsprechung der Beziehung oder Relation zwischen einer oder mehreren Sachen. Dasselbe gilt für die Realität und uns darin.

Darüber hinaus ist es wichtig sowohl zwischen objektivem und persönlichem Verstehen als auch zwischen weiteren Dimensionen des Verstehens zu unterscheiden.

So kann ein Baum objektiv gesehen ein bestimmtes biologisch beschaffenes Gewächs sein, doch persönlich kann er für mich Sauerstoff oder Leben bedeuten oder Verwurzelung im übertragenen Sinne oder ein Sinnbild für die Verzweigung eines größeren Bereichs in kleinere oder sogar eine bestimmte Emotion, die in einer mit einem Baum verknüpften intensiven Erfahrung entstanden ist. Und so fort.

Es kommt also nicht nur darauf an, was etwas ist für sich oder an sich oder unabhängig von allem anderen, sondern in der Bedeutung, die es für uns hat; diese Bedeutung wiederum hängt von der Perspektive ab, die wir einnehmen und von der wir eben dieses etwas betrachten, wahrnehmen, spüren, erfassen und verstehen.

Verstehen ist daher multidimensional, multiperspektivisch und mehrschichtig.

Die Fähigkeit des Verstehens ist unser Hauptinstrument zur Entschlüsselung des Lebens und der Wirklichkeit. Alles was uns begegnet, alles was wir spürend erleben oder mindestens bis zu einem Grad wahrnehmen, hat einen Sinn oder Inhalt, wenn wir diesen verstehen.

Solches Verstehen ist für einen menschlichen Organismus unabdingbare geistige, seelische und existenzielle Nahrung. Und solche Nahrung verschafft Wissen, ermöglicht Wachstum und Entwicklung, und schenkt innere Zufriedenheit.

4. Der mehrfache Sinn des erfüllten Lebens

Die gesamte Wirklichkeit einschließlich unseres Lebens ist eine mehrdimensionale Totalität oder Gesamtheit, ein Gesamtgewebe, das aus der Verflochtenheit aller seiner Teile zueinander und miteinander besteht.

Das Gesamtgewebe der Wirklichkeit und unseres Lebens mag gigantisch sein, unerschöpflich an möglich zu erwerbendem Wissen und mannigfaltig an seinen unterschiedlichen Facetten.

Wir dürfen uns darin nicht verlieren, sondern durch das Erleben und Verstehen unseres Lebens innerhalb der gegebenen Wirklichkeit die Klarheit gewinnen, die sich aus dem realistischen Wissen der Gesetze der Wirklichkeit und des Menschseins ergibt.

Die zentrale oder entscheidende Fähigkeit, um innerhalb dieser Gegebenheiten ein mehr oder weniger erfülltes Leben zu führen, wäre, um diese mal mit einem Wort oder eher Ausdruck wiederzugeben, unsere Lebensmeisterschaft, wenn darunter die ausreichende, vollständige oder sehr hohe Fähigkeit zu verstehen ist, (a) die Notwendigkeiten des Lebens zu erfüllen und (b) so viele dem Leben innewohnende wertvolle Möglichkeiten zu verwirklichen, wie es machbar und angemessen ist.

Es ist nun mal keine besondere Erkenntnis oder Feststellung, dass es Notwendigkeiten gibt im Leben, die erfüllt werden müssen, wie (a) eine gewisse Bildung und Ausbildung, (b) die erforderliche soziale und emotionale Intelligenz und (c) ein mindestens ausreichendes Erarbeiten all dessen, was rein materiell zum Leben erforderlich ist. Dies alles können wir auch als grundlegendes Lebenswissen und -können bezeichnen.

Ist das grundlegende Lebenswissen und -können mehr oder weniger gewährleistet, so öffnet oder aktiviert sich das Verfolgen der Verwirklichung bestimmter Ideale oder Ziele und der Erfüllung wichtiger Bedürfnisse, die in ihrer Gesamtheit zu einer teilhaften oder vollständigeren Lebenserfüllung beitragen. Dies wiederum erhebt folgende wichtige Frage. Wie definiert sich, wie erschließt sich uns die Lebenserfüllung? Woran merken wir es, wie messen wir es, dass das Leben als erfüllend gesehen oder vielmehr erlebt wird? Und was ist der Sinn des Lebens? Oder unseres Lebens? Oder meines Lebens?

Diese Frage kann sicherlich bewusst empfunden und gefragt werden. Aber auch unbewusst, mindestens meistens, wird das Handeln, Verhalten und Sein der meisten von all dem getrieben und bewegt, was einen kleineren oder größeren Lebenssinn erfüllt.

Es mag Uneinigkeit herrschen zwischen Menschen darin, was der Sinn des Lebens ist.

Für einige ist der Sinn des Lebens der, anhand eines religiösen Ideals zu leben.

Für andere besteht der Sinn des Lebens darin, anhand einer philosophisch oder spirituell erschlossenen Wirklichkeit zu leben.

Für andere ist der Sinn des Lebens der, den Menschen sich selbst geben oder in sich erspüren.

Für andere ist der Sinn des Lebens das Leben selbst, in unserem Fall das menschliche Leben selbst in möglichst vielen seiner Facetten zu leben, zu sein, zu verkörpern.

Lassen wir es offen, oder lassen wir alles gelten, oder eine Kombination von allem oder einigem. Nur fragen wir mindestens:

Führt unser bewusst oder unbewusst verfolgter Sinn des Lebens zu einem realen Spüren von Lebenserfüllung?

Führt alles, was wir tun und wie wir sind, zu Zufriedenheit, Freiheit, Ganzsein und Selbstliebe oder Selbstbejahung? Zu Lebensgenährtheit also? Jetzt? In der Gegenwart?

5. Die essenzielle Sprache des Lebens

Vernunft, Verstand und Verstehen, und daher Wissen, Handeln und Sein, all das ist nicht möglich ohne einen gewissen Grad von Sprachintelligenz.

Sprachintelligenz besteht in dem Beherrschen angemessener Wörter und Ausdrucksformen zum Beschreiben von Inhalten des Denkens, Fühlens, Erlebens, Wissens und Wahrnehmens.

Je stärker sich diese Inhalte auf die Wirklichkeit, auf unser Leben und auf unsere Lebenswirklichkeit beziehen, desto relevanter und daher wertvoller ist unsere Sprachintelligenz.

Und Sprachintelligenz, wenn sie durch Erfahrung getestet, bestätigt und dann auch verkörpert wird, transformiert sich zu brauchbarer und überaus notwendiger Lebensintelligenz.

Solche Sprachintelligenz ist ein Schatz des Wissens und daher auch ein Schatz des Lebens. Sie ist der Wortschatz des Lebens.

Solche Sprachintelligenz enthält Wissen über die Grundbausteine der Wirklichkeit, über die wichtigsten Lebensfähigkeiten, über essenzielle menschliche Eigenschaften, über zentrale Aspekte des menschlichen Seins und über Schlüsselelemente des Lebens, des Wissens und des Handelns.

Das Leben ist ein Wunder. Und die gesamte Wirklichkeit ist genauso ein Wunder. Nicht nur, weil sie das Wundern in unserem Fühlen verursacht und auslöst. Sie ist ein Wunder, weil sie auch ein Mysterium ist.

Die Wirklichkeit ist ein Mysterium darin, woher sie kommt, oder wodurch sie entsteht, und auch darin, warum sie so ist, wie sie ist.

Mit welcher Sprache, d.h. mit welchen Sprachinhalten also sprechen zu uns die Wirklichkeit und das Leben? Was sagen sie uns?

Sie sagen uns das, was wir mit unserem gesamtmenschlichen Vermögen wahrnehmen, erfahren, verstehen und durchleben können.

Und das alles besteht einerseits aus vielen Millionen Wörtern.

Andererseits jedoch gibt es ein Grundvokabular. Es gibt einen grundsätzlichen und essenziellen Wortschatz des Lebens.

Dieser Wortschatz des Lebens enthält die Beschaffenheit der Wirklichkeit. Dieser Wortschatz spiegelt das Leben wider.

Wortschatz des Lebens

Er enthält die Gesetze der manifestierten Existenz sowie das Erfahrungsspektrum des menschlichen Seins innerhalb seines Eingebettetseins in eben dieser manifestierten Existenz.

Dieser Wortschatz sagt uns ziemlich eindeutig, welche Lebensfähigkeiten zentral und ausschlaggebend sind und worin Lebensmeisterschaft besteht und wie sie erreicht wird.

Und er liefert uns direkt das Wissen über die Voraussetzungen für Lebensgenährtheit sowie den Weg zu ihrer Erfüllung.

Der essenzielle Wortschatz des Lebens steht uns zur Verfügung, damit wir ein vollständiger und zufriedener „Teil" des Wunders und Mysteriums des Lebens und der Wirklichkeit werden und in diesem Zustand existieren.

Und da wir das Leben selbst sind, sind wir auch automatisch eingeladen, diesen Wortschatz des Lebens zu ehren und zu verwirklichen und zu verkörpern. Nicht nur zu verstehen.

Denn Verstehen ist schön. Aber etwas zu sein und es zusätzlich zu verstehen und es dann spürend ganz anzunehmen und restlos zu bejahen, ist das Schönste.

TEIL II

Der Wortschatz
des Lebens

Von **‚Abbild'**

bis **‚Entwicklung'**

Abbild: etwas, was durch sein Erscheinen oder Vorkommen die inhaltliche Identität von etwas anderem zeigt.

abbilden: die inhaltliche Identität von etwas durch das Erscheinen oder Vorkommen von etwas anderem zeigen.

abhängig: etwas, das keine Selbstexistenz hat oder etwas anderes als Ursache seines Existierens braucht.

Ablenkung: die Veränderung der Aufmerksamkeitsrichtung weg von etwas und zu etwas anderem hin.

Abneigung: das Gefühl, etwas nicht stattfinden lassen zu wollen oder sich von etwas entfernen zu wollen.

Abstand: die Länge zwischen zwei unterschiedlichen Orten im Raum.

abstrakt: alles, was nicht mit den Sinnen, sondern mit dem Denken wahrgenommen und erlebt werden kann.

Ahnung (1): undeutliches inneres Wahrnehmen.

Ahnung (2): Intuition.

aktiv: bezeichnet den Zustand seelischer oder/und geistiger oder/und körperlicher und meistens zielgerichteter Anwendung der organismischen Kräfte.

Aktivität: seelische oder/und geistige oder/und körperliche meist zielgerichtete Anwendung der organismischen Kräfte.

Aktualisierungstendenz: der innewohnende Drang, das, was von Natur aus in uns angelegt ist, so zu entfalten, zu realisieren und zu sein, wie es von der naturgesetzlichen Wirklichkeit berührt, genährt und dynamisiert wird.

alt: alles, was (sehr) weit fortgeschritten ist in der Länge seines Existierens.

Analyse: die Aktivität oder/und der Prozess des Wahrnehmens, Erkennens und Verstehens der inhaltlichen Teile von etwas und deren Angeordnetheit zueinander.

analysieren: die inhaltlichen Teile von etwas und deren Angeordnetheit zueinander wahrnehmen, erkennen und verstehen.

andere(-r,-s): eine Entität mit der nicht (einmaligen) eigenen Identität oder mit einer sich in einem räumlichen Abstand befindenden Identität.

anders: nicht identisch mit etwas, unterschiedlich von etwas.

Anfang (1): der erste von mehreren Teilen eines Prozesses oder einer Entität.

Anfang (2): der Ort, Punkt im Raum oder Zeitpunkt, vor dem etwas noch nicht da ist.

anfangen: den Anfang einer Existenz oder eines Geschehens verursachen.

angemessen: die Eigenschaft des Begünstigens und Aufrechterhaltens des Wesens oder/und der Bestimmung der Existenz- oder und Funktionsweise von etwas.

angenehm: Befriedigung oder Zufriedenheit verursachend.

Angeordnetheit/Anordnung: die bestimmte Art und Weise der Eingerichtetheit aller Elemente in einem System und auch deren Beziehungen zueinander.

Angst: das bedrückende und beklemmende Gefühl, dass etwas Existierendes oder Mögliches Störung, Schmerz oder Nicht-Existenz verursachen kann.

anordnen: etwas entsprechend seiner Funktion an einen räumlichen, zeitlichen oder inhaltlichen Ort innerhalb eines Raums oder Bereichs oder Zusammenhangs bringen.

Anschaulichkeit: durch Wahrnehmung erfassbar oder/und erlebbar.

Anwendung: das Nutzen von etwas, um etwas zu erreichen oder einen Vorgang zu ermöglichen.

Anzahl: die Gesamtheit davon, wie oft etwas zeitlich oder räumlich da ist.

Äquilibrium: der Zustand des Gleichgewichts (lateinisch: aequi = gleich + libra = Gewicht).

Arbeit (1): eine zweckvolle Aktivität.

Arbeit (2): eine zweckvolle Aktivität, die bezahlt wird.

Art: Gesamtheit von Eigenschaften.

atmen: das für das Leben notwendige Gasgemisch reinziehen und ausströmen.

Aufmerksamkeit: gerichtetes Bewusstsein.

Aufmerksamkeitsintelligenz: das Erfahrungswissen über die Bewegungsursachen und über die Genährtheitsquellen der eigenen Aufmerksamkeit.

authentisch: dem gespürt Wirklichen zugehörig.

Authentizität: die Seinsweise, die aus der jeweiligen gespürten Wirklichkeit all dessen resultiert, was sich natürlich und ungehindert als unsere gesamte Organismizität ausdrückt: als das „Universum" des Energieflusses des immerwährenden Zyklus von Sein-Spüren-Brauchen-Bekommen-Werden-Sein...

autonom: frei und unabhängig, nach eigenen Prinzipien und Gesetzen zu sein, zu entscheiden und zu handeln.

Autonomie: die Freiheit und Unabhängigkeit, nach eigenen Prinzipien und Gesetzen zu sein, zu entscheiden und zu handeln.

autotelisch: bezeichnet einen Prozess oder eine Aktivität, der/die Ziel seiner/ihrer selbst ist (auto = selbst, telos = Ziel).

Bedeutsamkeit: Wichtigkeit.

Bedeutung (1): der Inhalt, den ein Lebewesen mit einem Gegenstand oder mit überhaupt etwas Bestimmtem verbindet.

Bedeutung (2): der von einem sprachlichen oder anderen Zeichen/Symbol gezeigte Inhalt von etwas.

Bedeutung (3): Wichtigkeit.

Bedingung: das, was notwendig ist für das Geschehen oder Existieren von etwas anderem.

Bedürfnis: das Empfinden eines Mangelzustandes und einer damit einhergehenden Unruhe und einer gleichzeitigen Gerichtetheit auf die Beseitigung dieses Mangels.

beenden: das Ende einer Existenz oder eines Geschehens verursachen.

Befriedigung: aus der Erfüllung eines Bedürfnisses

heraus entstandener und euphorisch sättigender Zustand einer Person oder eines anderen Lebewesens.

begeistert: erfüllt sein von erhebender und selbstbejahender starker innerer Erregtheit.

Begeisterung: Gefühlszustand erhebender und selbstbejahender starker innerer Erregtheit.

Beginn: Anfang.

beginnen: anfangen.

begründen: die Ursache oder das veranlassende Geschehen für etwas angeben oder zeigen.

beherrschen (1): zu etwas in ausreichendem oder starkem oder vollständigem Maße fähig sein.

beherrschen (2): etwas unter Kontrolle halten oder/ und sicher lenken.

bejahen: Bejahung empfinden oder zeigen.

Bejahung (1): das Zeigen der Wahrnehmung von etwas als richtig oder wahr.

Bejahung (2): das Empfinden oder Zeigen des Zusammensein-Wollens mit etwas.

benutzen: etwas zum Mittel für etwas anderes umwandeln.

beobachten: etwas aufmerksam oder/und genau, und meistens mit einem Zweck verbunden, wahrnehmen.

Beobachtung: aufmerksames oder/und genaues, und meistens mit einem Zweck verbundenes, Wahrnehmen von etwas.

beseitigen: etwas in die Nicht-Existenz bringen oder etwas von einem Ort wegnehmen und zu einem anderen Ort bringen.

bestimmen: die Art und Weise des Seins oder Geschehens von etwas verursachen.

bestimmt (1): verursacht, in einer Art und Weise zu sein oder zu geschehen.

bestimmt (2): in seinen Eigenschaften von allen anderen Entitäten unterschiedlich.

beurteilen (1): ein Urteil bilden, vollziehen oder zeigen.

beurteilen (2): die Beschaffenheit oder/und Bedeutsamkeit oder/und den Wert von etwas wahrnehmen.

Bewegtheit: im Zustand der Bewegung zu etwas hin sein.

Bewegung: die von einer Kraft verursachte Änderung des Ortes von etwas zu einem unterschiedlichen, vom ersten distanzierten Ort.

bewusst: die Seinsweise, die Erlebtes in das Wissen seiner Faktizität einschließt und so vom erlebenden Ich gewusst wird.

Bewusstsein: das biologische Energiefeld, das die Grundlage jeglichen Spürens oder Empfindens für ein Lebewesen ist.

Beziehung: die Art und Weise des Verbundenseins von etwas mit etwas anderem.

bilden (1): erschaffen.

bilden (2): aus bestimmten Teilen eine Gesamtform erschaffen.

Bildung: der kontinuierliche und immerwährende Prozess der Entfaltung und Entwicklung des menschlichen Empfindens, Wahrnehmens, Denkens, Seins und Verhaltens.

Biologie: Erforschung und Studium wahren Wissens (a) über die Beschaffenheit aller lebendigen Organismen und (b) über alle Gesetze und Prozesse, die lebendige Organismen regulieren und bestimmen.

bleiben: zeitlich (unbestimmt) länger unverändert an einem Ort oder in einem Zustand oder/und Geschehen sein.

bodenständig: fest verwurzelt in der Intelligenz der Gesetze der Wirklichkeit und damit auch des Lebens.

Bodenständigkeit: feste Verwurzelung in der Intelligenz der Gesetze der Wirklichkeit und damit auch des Lebens.

brauchen: einen Mangelzustand empfinden und eine damit einhergehende Unruhe und eine gleichzeitige Gerichtetheit auf die Beseitigung dieses Mangels.

bringen: etwas zu einem Ort oder Bereich bewegen.

Chance: Gelegenheit.

Charakter: die Gesamtheit der Merkmale und Eigenschaften von etwas, die dieses Etwas in seinem Sosein von etwas Ähnlichem unterscheidet.

charakteristisch: die Merkmale und Eigenschaften von etwas zeigend, die dieses Etwas in seinem Sosein von etwas Ähnlichem unterscheidet.

Chemie: Erforschung und Studium wahren Wissens (a) über die Beschaffenheit aller Elemente und Substanzen und (b) über alle Gesetze und Prozesse, die das Verhalten und die Transformation von Elementen und Substanzen regulieren und bestimmen.

Dasein (1): das Anwesendsein.

Dasein (2): das Existieren; die Existenz.

Dasein (3): das menschliche Leben.

definieren: die Menge aller Merkmale identifizieren oder/und zeigen, die etwas zu dem machen, was es ist.

Definition: die Menge aller Merkmale, die etwas zu dem machen, was es ist.

denken: zielgerichtet geistig aktiv sein.

Denken: zielgerichtete geistige Aktivität.

deutlich: direkt und leicht erkennbar, wahrnehmbar, verstehbar und denkbar, präzise umrissen, mit etwas anderem unverwechselbar.

Distanz: die Länge zwischen zwei unterschiedlichen Orten im Raum.

Distress: der durch etwas verursachte unangenehme Gefühlszustand von Ruhelosigkeit oder/und Druck oder/und Zerrissenheit.

Dynamik: die durch eine oder mehrere Kräfte angereicherte Intensität oder/und Stärke eines Geschehens.

dynamisch: die Eigenschaft der mit einer oder mehreren Kräften angereicherten Intensität oder/und Stärke.

effektiv: die Beschaffenheit einer Aktivität oder eines Prozesses, durch die/den ein wertvolles/sinnvolles Ergebnis verursacht oder ein wertvoller/sinnvoller Zweck erfüllt wird.

Effektivität: der Grad einer Aktivität oder eines Prozesses, effektiv zu sein.

Eigenschaft: Qualität oder/und Merkmal.

Eingerichtetheit: die Art und Weise des Eingerichtetseins von etwas oder von mehreren oder allen Teilen einer Gesamtheit.

Eingerichtetsein: das Sich-an-einem-Ort-befinden von etwas entsprechend seiner Funktion innerhalb eines Raums oder Bereichs oder Zusammenhangs.

Einheit (1): das gespürte oder inhaltlich beschaffene Einssein von zwei oder mehreren Lebewesen oder anderen Entitäten miteinander.

Einheit (2): eine feste oder festgelegte Größe, die zum Messen verwendet wird.

einmalig: einen einzigen Ort im Raum einnehmend oder ein einziges Mal in einem Bereich existieren.

einrichten: etwas entsprechend seiner Funktion an einen Ort innerhalb eines Raums oder Bereichs oder Zusammenhangs bringen.

Einsamkeit: der Gefühls- und Existenzzustand des verlassenen Alleinseins.

Eltern (1): die Lebewesen, durch die ein neues Lebewesen biologisch entsteht.

Eltern (2): die Lebewesen, die die Verantwortung haben für ein anderes Lebewesen bis zu dessen Selbstständigkeit im Leben.

Emotion (1): ein mehr oder weniger angenehmes oder unangenehmes kraftvolles Gefühl.

Emotion (2): innerer energiegeladener Raum, der aus einem/einer bekannten oder unbekannten Grund/Ursache resultiert, und der, je nach Anteilen und der Art von Erregtheit, Trägheit und Ruhe, eine bestimmte Gestimmtheit/Beschaffenheit der Seinsweise oder/und der Aktivitäts- und Verhaltensbereitschaft eines wertungsfähigen Lebewesens ergibt.

Emotion (3): die mehr oder weniger angenehme oder unangenehme Qualität oder innere existenzielle Atmosphäre des Gefühlszustands eines Lebewesens.

emotionale Intelligenz: das Erfahrungswissen über die Bedeutung (vor allem) eigener Emotionen und über einen angemessenen Umgang oder/und Sein mit ihnen.

Empathie: die Fähigkeit, den Zustand eines anderen Lebewesens mehr oder weniger zu spüren.

empfangen (1): etwas Gegebenes annehmen.

empfangen (2): etwas in den eigenen offenen Spürraum hineinlassen.

empfänglich: offen sein für das Hineinkommen von etwas in den eigenen Spürraum.

empfinden (1): durch die Sinne oder durch eine innere Energie berührt oder erfüllt werden.

empfinden (2): eine energetische Anordnungsweise oder -transformation psychisch oder/ und physisch merken.

Ende (1): der letzte von mehreren Teilen eines Prozesses oder einer Entität.

Ende (2): der Ort, Punkt im Raum oder Zeitpunkt, nach dem etwas nicht mehr da ist.

endogen: das, was in einem Organismus oder einem System aus den eigenen Bedürfnissen oder Notwendigkeiten des Organismus/Systems heraus entsteht.

endomathemisch: die Bezeichnung für die einem Mathem innewohnenden Inhalte und deren dieses Mathem bestimmende Beschaffenheit und organisierte Angeordnetheit.

Energie (1): die Bewegung oder/und Schwingung von etwas erzeugende umwandelbare oder sich umwandelnde Gesamtmenge eines Stoffes.

Energie (2): Kraftstoff.

Energie (3): mysteriöse Bewegtheit aus und innerhalb der „unerträglichen" Fülle der Selbstexistenz.

Entität: etwas, das mit einer Identität unabhängig von etwas anderem stofflich oder inhaltlich existiert.

entscheiden: etwas bestimmen oder die Art und Weise seines Seins oder/und Geschehens verursachen.

entscheiden, sich: sich festlegen auf eine von zwei oder mehreren Erfüllungsmöglichkeiten eines Bedürfnisses oder einer Notwendigkeit.

Entspanntheit: das Freisein von Gehaltenheit und Gedrücktheit des inneren Energieflusses und -zustands.

Entspannung: das Freiwerden des inneren Energieflusses von Gehaltenheit und Gedrücktheit.

Entspannungsintelligenz: das Erfahrungswissen über die unterschiedlichen Dimensionen und die entsprechenden Erfüllungsprozesse (a) der eigenen Genährtheit und (b) der realen Lebensnotwendigkeiten.

entstehen: zur Existenz kommen.

Entstehung: der Prozess, durch den etwas zur Existenz kommt.

entwickeln: etwas durch eine zeitlich mehrschrittige Aktivität zur Entstehung bringen.

entwickeln, sich: durch ein zeitlich mehrschrittiges Geschehen entstehen.

Entwicklung: das zeitlich mehrschrittige Geschehen, durch das etwas entsteht.

„Die Gegenwart ist immer da, samt ihrem
Inhalt: Beide stehen fest, ohne zu wanken;
wie der Regenbogen auf dem Wasserfall.
Denn dem Willen ist das Leben, dem Leben
die Gegenwart sicher und gewiss."

Arthur Schopenhauer

Von ‚**Erfahrung**‘

bis ‚**Kompetenz**‘

Erfahrung: bewusstes Spüren und Erleben durch organismisches Berührtwerden von dem Dasein, dem Vibrieren und der Bewegung der Wirklichkeit.

Erfolg: das gute oder/und wertvolle Ergebnis einer Aktivität oder eines Prozesses.

erfolgreich: die einen Erfolg herbeiführende Eigenschaft einer Aktivität oder eines Prozesses.

erfüllen: die Bedingung für ein Geschehen oder für ein Existieren vollständig verursachen.

erfüllt: mit etwas voll sein.

Erfüllung (1): das Existieren von etwas, nachdem die Bedingungen dafür verursacht wurden.

Erfüllung (2): emotionale Genährtheit.

Ergebnis: das, was als direkte und ausschließliche Folge von etwas da ist oder geschieht, was vorher da ist oder geschieht.

erkennen: etwas in seiner Identität wahrnehmen.

erklären: die Gründe für etwas oder die Bedeutung

oder den Inhalt von etwas zeigen.

Erklärung: das Zeigen der Gründe für etwas oder das Zeigen der Bedeutung oder des Inhalts von etwas.

erleben: an einem Sein oder/und Geschehen empfindend teilnehmen.

Erleuchtung (1): spontan entstehender Inhalt des Wissens, Erkennens, Verstehens oder Denkens.

Erleuchtung (2): ganzheitliche Klarheit.

Erleuchtung (3): ganzheitliches Klar-, Befreit- und Genährtwerden durch das seiende Realisieren des Wesens der Wirklichkeit.

erreichen (1): durch Bewegung oder/und durch einen Prozess an einem Ort oder Zeitpunkt ankommen.

erreichen (2): etwas durch Sein oder Tun zur Existenz bringen.

erschaffen (1): etwas zur stofflichen Existenz bringen.

erschaffen (2): etwas durch Sein oder Tun zur Existenz bringen.

erspüren: im frei zugelassenen Bewusstsein feiner oder am feinsten spüren.

Erwachsene(r): eine vollständig gewachsene, im Leben selbstständige und für das eigene Handeln verantwortliche Person.

Ethik: die Gesamtheit aller Gesetze und Regeln, die das menschliche Handeln und Verhalten im Zusammensein mit anderen bestimmen.

Euphorie: sehr angenehmer, sich-selbst-bejahender und sich-selbst-wollender Zustand einer Person oder eines anderen Lebewesens.

euphorisch: im Zustand von Euphorie sein oder Euphorie enthaltend.

Eustress: der durch etwas verursachte angenehme Gefühlszustand von Ruhelosigkeit oder/und Druck, der ein Lebewesen zu sinnvollem oder/und angenehmem Handeln bewegt.

Existenz (1): das grobstoffliche, feinstoffliche oder

transzendentale Einnehmen von Raum.

Existenz (2): die Gesamtheit von allem, was existiert.

Existenz (3), oder Selbstexistenz: das von sich aus Existierende, das nichts anderes als Ursache des Existierens Brauchende.

Existenz (4), oder Selbstexistenz: das Ewige; das Unendliche; das sich selbst Generierende; das die gesamte Realität Hervorbringende, Beinhaltende und Ausmachende.

existenziell: alles, was für die eigene Existenz (für das eigene Leben) entscheidend oder/und bedeutsam ist.

existieren: grobstofflich, feinstofflich oder transzendental Raum einnehmen.

exogen: das, was in einem Organismus oder einem System nicht aus den eigenen Bedürfnissen oder Notwendigkeiten des Organismus/Systems entsteht.

exomathemisch: die Bezeichnung für alle Umstände, Zustände und Aktivitäten, die für das Erlernen eines Mathems auf Seiten und von Seiten des Lernenden notwendig sind.

Fähigkeit: das körperliche oder/und geistige oder/und seelische Wissen verkörpern, und die Kraft haben, etwas zu tun oder zu sein.

Fähigsein: die Fähigkeit haben.

falsch (1): nicht wahr.

falsch (2): nicht gut oder/und nicht angemessen.

Familie (1): eine Gruppe von Lebewesen, die aus biologischen oder anderen wichtigen Gründen ein sich nährendes Ganzes bilden.

Familie (2): Gruppe.

Fertigkeit: ein höherer oder sehr hoher Grad einer Fähigkeit zu etwas.

Fokus: der Punkt oder Bereich, auf den die Aufmerksamkeit gerichtet ist.

fokussieren: die Aufmerksamkeit auf einen Punkt

oder einen Bereich richten.

Folge (1): etwas, das direkt, einzig und ausschließlich zeitlich später oder räumlich weiter da ist oder geschieht als etwas, was vorher da ist oder geschieht.

Folge (2): etwas, das zufällig zeitlich später oder räumlich weiter da ist oder geschieht als etwas, was vorher da ist oder geschieht.

folgen: zeitlich oder räumlich weiter sein oder geschehen als etwas anderes.

Form: die Art der zusammenhängenden Angeordnetheit der Bestandteile von etwas.

frei: die Eigenschaft des Gefühlszustands, in dem wir keine inneren oder äußeren Zwänge und/oder Begrenzungen oder Einschränkungen und/oder Notwendigkeiten spüren.

Freiheit: der Gefühlszustand, in dem wir keine inneren oder äußeren Zwänge und/oder Begrenzungen oder Einschränkungen und/oder Notwendigkeiten spüren.

Freiheit, organismische: der Zustand, in dem wir als freies Selbst existieren und die ungehinderte Realisierung unserer Aktualisierungstendenz spüren.

freiwillig: den eigenen und freien Willen betreffend.

Freude: innerlich empfundene euphorische Energie.

Freundschaft: eine Vertrauen, Zuneigung und Liebe zueinander enthaltende Beziehung zwischen zwei Menschen.

fröhlich: innerlich von euphorisierender Lebendigkeit durchdrungen.

früher (1): vergangener (in der Vergangenheit weiter zurück) als etwas anderes.

früher (2): in der Vergangenheit.

fühlen (1): empfinden.

fühlen (2): eine Emotion empfinden.

fühlen (3): eine Ahnung empfinden.

füllen: verursachen, dass etwas mit etwas anderem voll wird.

ganz (1): die Eigenschaft so zu sein, dass alles für die eigene Existenz Notwendige da ist und nichts fehlt.

ganz (2): die Eigenschaft, in der etwas in der Vollständigkeit und Ungeteiltheit seiner Natur und Existenzbestimmung existiert.

ganz (3): die Eigenschaft von dem hohen oder höchsten Grad von etwas.

Ganzes (1): etwas, bei dem nichts für die eigene Existenz Notwendiges fehlt.

Ganzes (2): etwas, das in der Vollständigkeit und Ungeteiltheit seiner Natur und Existenzbestimmung existiert.

ganzheitlich: auf ein Ganzes oder auf das Ganze von etwas bezogen.

Ganzsein: in der Vollständigkeit und Ungeteiltheit der eigenen Natur und Existenzbestimmung existieren.

Gas: feinste und nicht feste oder flüssige Stofflichkeit.

Geborgenheit: der Gefühlszustand angenehmer Sicherheit.

Gedanke: ein in sich abgeschlossener Inhalt im Denken.

Gefahr: etwas Mögliches oder Existierendes, das Störung, Schmerz oder Nicht-Existenz verursachen kann.

Gefühl (1): der empfundene oder gespürte innere Zustand einer Person oder eines anderen Lebewesens.

Gefühl (2): Emotion.

Gefühl (3): Ahnung.

Gefühl (4): Fähigkeit des fühlenden Wahrnehmens und Erkennens.

Gefühlsvermögen: die Fähigkeit des Fühlens.

gegenständlich: alles, was mit den Sinnen wahrgenommen und erlebt werden kann.

Gegenwart: die Zeit, in der das da ist, was jetzt gerade da ist, und in der das geschieht, was jetzt gerade geschieht (und nicht, was schon da war und geschehen ist, und nicht, was noch da sein wird oder noch geschehen wird).

gegenwärtig: was jetzt gerade da ist und geschieht (und nicht, was schon da war oder geschehen ist, und nicht, was noch da sein wird oder noch geschehen wird).

Geist (1): das mentale Gesamtvermögen, das aus Wahrnehmen, Verstehen und Beurteilen besteht.

Geist (2): das spürbare Gefühl, das einen bestimmten Bereich durchdringt und füllt.

Geist (3): die ungebundene wirkende Kraft des Wesens der Wirklichkeit.

geistig: alles, was durch innere Wahrnehmungsinhalte wahrnehmbar, erlebbar und denkbar ist.

Gelegenheit: Zeit und Raum für die Möglichkeit von etwas.

Geliebtsein: der Genährtheitszustand der Gewissheit, von einem oder mehreren Lebewesen geliebt zu werden.

Gemisch: Zusammensein von zwei oder mehreren Arten von Stoff.

Genährtheit: der Zustand, in dem ein Lebewesen mit allen Stoffen versorgt ist, die für sein vollständiges Existieren und für sein ruhendes und zufriedenes Ganzsein notwendig sind.

genau: in jeder kleinsten Einzelheit einer Vorgabe oder Erwartung entsprechend.

gerade: in der kürzesten Länge zwischen zwei Punkten im Raum.

Geschehen: das in Bewegung- oder Veränderung-Sein von einer oder mehreren Entitäten.

geschehen: sich in Bewegung oder/und Veränderung befinden.

Gesetz(e), menschlich(e): durch Natur oder/und Menschen entschiedene und festgelegte und alle Beteiligte bindende Art und Weise des Verhaltens.

Gesetz(e) der Natur oder Wirklichkeit: die unveränderliche Art und Weise, wie etwas existiert und wie es sich verhält.

Gespür: Fähigkeit des feineren und tieferen fühlenden Wahrnehmens und Erkennens von etwas, was nicht direkt oder leicht wahrnehmbar und erkennbar ist.

Gestörtheit: der meistens unangenehm unnatürliche Zustand oder das meistens unangenehm unnatürliche Geschehen von etwas.

gewiss: etwas, von dem das Gefühl da ist, dass es so ist, wie es wahrgenommen oder/und gewusst wird.

Gewissheit: das starke Gefühl der Unveränderbarkeit eines Wissens.

Glück (1): der mit einem hohen oder höchsten Grad von Zufriedenheit und Euphorie erfüllte Gefühlszustand.

Glück (2): gute oder richtige Bedingungen für etwas.

Grad: das Wieviel des Maßes, der Stärke oder der Stufe von etwas auf der Skala des entsprechenden Bereichs.

groß: hoher Grad von (meistens) Länge.

Grund (1): die unterste Fläche oder Ebene von etwas.

Grund (2): die Ursache oder das veranlassende Geschehen oder Sein für etwas.

Gruppe: eine Anzahl von zwei oder mehreren Lebewesen oder anderen Entitäten, die durch ein gemeinsames Merkmal als Einheit zusammen sind, zusammenkommen oder zusammen wahrgenommen werden.

gut: ausreichender bis sehr hoher Grad von etwas, das einen Zweck erfüllt.

handeln: die eigenen Kräfte in zielgerichtete Bewegung bringen und halten.

Handlung: psychophysische, meist zweckorientierte Anwendung der organismischen Kräfte.

Harmonie: der Zustand der Beschaffenheit und Angeordnetheit von etwas, der den Gefühlszustand von Reibungslosigkeit und Zufriedenheit entstehen lässt.

harmonisch: alles, was entweder ein Teil von einer Harmonie oder ein Beitrag zu einer Harmonie ist.

Heilsein: das Leuchten der eigenen Natur und Existenzbestimmung.

Heilung: das in das Ungestörtsein, Ganzsein und Heilsein führende Geschehen.

holistisch: alles umfassend, das Ganze (von etwas) betreffend (holon = das Ganze).

Homöostase: der Vorgang der Selbstregulierung zur Aufrechterhaltung des gleichen Zustands (griechisch: homöo = gleich, stasis = (Zu)stand).

Ich/Selbst: die alles Wahrgenommene und Erlebte empfangende/einschließende und sich als die eigene Identität erlebende Energie-Ausdehnung eines ausreichend entwickelten Organismus.

identisch: genauso wie.

Identität: die raumzeitlich-einmalig angeordnete oder konfigurierte einheitliche Energie- oder Daseinsform, die etwas genau zu dem macht, was es ist.

Information (1): der Inhalt eines bedeutungstragenden Teils der Wirklichkeit.

Information (2): sich in einer bestimmten Form befindende Energie.

Inhalt (1): das, was in etwas anderem enthalten ist.

Inhalt (2): die Bedeutung von etwas.

Instinkt: eine angeborene oder stark verinnerlichte Weise des Empfindens, Wahrnehmens, Handelns oder/und Verhaltens.

Intelligenz (1): natürlich abrufbares gespeichertes Wissen gepaart mit der Fähigkeit des Durchschauens, Verstehens, Herausfindens, Erlernens, Wissens von etwas Neuem für sich und in seinen möglichen Beziehungen zu Anderem.

Intelligenz (2): Wissen oder/und Informationen oder/und Kenntnisse.

intensiv: kraftvoll.

Interesse: der Zustand der Motiviertheit zu etwas.

interessiert: im Zustand der Motiviertheit zu etwas sein.

interpersonell: betrifft das psychophysische Geschehen zwischen Personen.

Intimität: der durch Vertrauen entstehende hohe bis sehr hohe Grad von persönlicher Offenheit im Zusammensein mit anderen.

intrapersonell: betrifft das psychophysische Geschehen innerhalb einer Person.

Intuition: tieferes, vorreflektiertes und bewusst nicht weiter bestimmbares Empfinden, Wahrnehmen oder/und Wissen.

ja: Ausdruck von Bejahung.

jung: (gar) nicht lange nach dem Existenzbeginn von etwas.

Kategorie: Gruppe.

Kind (1): eine Person, die jünger ist als ein(e) Erwachsene(r).

Kind (2): eine Person, zu der andere Personen die Rolle von Eltern erfüllen.

klar: die Eigenschaft, deutlich und ungetrübt zu sein.

Klarheit: der Zustand des deutlichen und ungetrübten Wahrnehmens oder/und Erkennens oder/und Wissens oder/und Fühlens.

klein: niedriger Grad von (meistens) Länge.

Kommunikation: das Geschehen, in dem Informationen zwischen empfindungs- und kognitionsfähigen Lebewesen gesendet oder/und empfangen werden.

kommunikative Intelligenz: das Erfahrungswissen und das darauf gründende Fähigsein, angemessen und effektiv zu kommunizieren und mit Kommuniziertem umzugehen.

Kommunion: das Erleben eines Gefühls oder Zustands des Einsseins im Zusammensein mit einem oder mehreren anderen Lebewesen.

kommunizierbar: das, was an Informationen zwischen empfindungs- und kognitionsfähigen Lebewesen gesendet oder/und empfangen werden kann.

kommunizieren: Informationen senden oder/und empfangen.

Kompetenz: der ausreichende oder hohe oder sehr hohe Grad einer Fähigkeit zu etwas.

„Die Wahrheit ist eine leuchtende Göttin, immer verschleiert, immer in der Ferne, nie ganz nahbar, aber aller Hingabe würdig, zu der der menschliche Geist fähig ist."

Bertrand Russell

Von **‚Komplexität‘**

bis **‚Organismus‘**

Komplexität: die Eigenschaft von etwas, aus wenigen oder mehreren Elementen zu bestehen, die wiederum auf eine oder mehrere Weisen miteinander in Beziehung oder/und Wechselwirkung stehen.

Kompromiss: die Bejahung des zweckvollen und vernünftigen Einschränkens der eigenen Freiheit oder/und Lebens- und Seinsweise.

können: die Fähigkeit haben.

Konsequenz: das, was direkt und ausschließlich als naturgesetzliche oder/und persönlich empfundene Folge von etwas da ist oder geschieht, was vorher da ist oder geschieht.

konstruieren: erschaffen, aufbauen, das Entstehen von etwas bewirken.

kontemplieren (1): in innerer Sammlung und Ruhe nachdenken.

kontemplieren (2): meditieren.

Kontrolle (1): das Bestimmen von etwas.

Kontrolle (2): das Verursachen der Seinsweise oder

des Geschehens von etwas.

Kontrolle (3): das Kontrollieren der Existenz- oder Geschehensweise von etwas.

kontrollieren (1): etwas bestimmen.

kontrollieren (2): die Seinsweise oder das Geschehen von etwas verursachen.

kontrollieren (3): darauf achten, wie etwas existiert oder geschieht.

Körper: die verbundene Gesamtheit der Form, der Struktur und der Stofflichkeit eines Lebewesens.

körperlich: dem Körper zugehörig oder den Körper betreffend.

Kosmos: das als geordnet wahrgenommene Weltall.

Kraft (1): Bewegung oder Schwingung erzeugende gerichtete Energie.

Kraft (2): hoher Grad von Bewegung oder Schwingung erzeugende gerichtete physische oder auch mentale oder seelische Energie von einem Lebewesen oder etwas anderem.

Kraft (3): Macht- oder Einflussfähigkeit von etwas.

Kultur (1): die Gesamtheit aller wertvollen menschlichen geistigen und künstlerischen Werke und Erzeugnisse.

Kultur (2): menschliche Seins- und Lebensweise.

Kunst (1): Aktivität zur Erschaffung von allem, was Nachdenken oder/und das Empfinden von etwas Schönem verursachen will oder soll.

Kunst (2): die Gesamtheit aller Werke zum Nachdenken oder zum Empfinden von etwas Schönem.

künstlerisch: der Kunst zugehörig oder Kunst darstellend.

kurz: kleiner an Länge als notwendig oder richtig.

Kybernetik: die Wissenschaft des Steuerns oder Lenkens (griechisch: kyberno = steuern, navigieren; sanskrit: kubara = Lenkrad eines Bewegungsmittels).

lang: größer an Länge als notwendig oder richtig.

Länge: das Wieviel von etwas zwischen seinem Anfang und seinem Ende.

Langeweile: der unangenehme mangelhafte Gefühlszustand von Interesse- oder/und Anregungslosigkeit.

Leben (1): die Gesamtzeit des Lebens eines Organismus.

Leben (2): das Dasein, das Existieren, die Tatsache des bewussten Erlebens.

Leben (3): Gesamtbezeichnung für inhärent zielgerichtete, sich selbst organisierende, metabolisierende und sich reproduzierende Körper, Entitäten oder Wesen, die zu Veränderung, Empfindung und Bewegung oder/und Wachstum fähig sind.

lebendig (1): am Leben sein.

lebendig (2): viel Energie haben.

Lebendigkeit: der Zustand des körperlich gänzlichen gespürten Durchdrungenseins und erhebenden Genährtseins von einem meistens substanziellen oder hohen Energiegrad.

Lebensfähigkeit: eine der Fähigkeiten, die für ein realisiertes und zufriedenes Leben notwendig sind.

Lebenskraft: die einem Lebewesen Stärke spendende Kraft.

Lebensmeisterschaft: die ausreichende, vollständige oder sehr hohe Fähigkeit, (a) die Notwendigkeiten des Lebens zu erfüllen und (b) so viele dem Leben innewohnende wertvolle Möglichkeiten zu verwirklichen, wie es machbar und angemessen ist.

Lebewesen: ein inhärent zielgerichteter, sich selbst organisierender, metabolisierender und sich reproduzierender Organismus, der zu Veränderung, Empfindung, Bewegung und Wachstum fähig ist.

leer: die Eigenschaft, nichts zu enthalten oder nichts von etwas zu enthalten.

leicht (1): etwas, das wenig Gewicht hat.

leicht (2): etwas, für das wenig Kraft oder Arbeit notwendig ist.

Leid: das, was einen hohen bis sehr hohen Grad des Empfindens von Schmerz(en) oder des Seins in unangenehmen Gefühlszuständen verursacht.

leiden: in einem hohen bis sehr hohen Maße Schmerz(en) empfinden oder sich in unangenehmen Gefühlszuständen befinden.

Leidenschaft: starke bis sehr starke Gefühlskraft für etwas.

leidenschaftlich: in einem hohen Maße mit Gefühlskraft erfüllt.

lenken: die Richtung der Bewegung von etwas verursachen.

Lernen: der Prozess oder die Erfahrung, der/die zu neuem Wissen oder/und Sein führt.

Lernen, autotelisches: Lernaktivität, die selbst schon das Ziel oder/und die Erfüllung ihres Stattfindens ist.

Lernen, organismisches: durch die gesamt-organismische Intelligenz gesteuerte und durch gesamt-organismische Erfahrung generierte Wissens- oder/

und Seinsveränderung.

Lernintelligenz (1): das meisterhafte Wissen darüber, wie Lernen funktioniert.

Lernintelligenz (2): die Fähigkeit zu (1) dem ganzheitlichen Erkennen, Wahrnehmen, Fühlen und Verstehen (1.1) der eigenen authentischen Motivation, (1.2) der authentischen Wirklichkeit und (1.3) des Verhältnisses der eigenen authentischen Motivation zur authentischen Wirklichkeit, (2) dem vollständigen Entwerfen einer lebendigen Strategie zur Harmonisierung dieses Verhältnisses und (3) dem unerschütterlichen Vollziehen der entworfenen Strategie.

Lernkybernetik: die äquilibrische Steuerung der sicheren Richtung des Lerngeschehens.

Lernökonomie: für effektives Lernen ist es notwendig, dass sich die Zeit- und Energieinvestition zum Erlernen von etwas daran orientieren, was die einfachste Möglichkeit zum Erlernen von diesem Etwas darstellt, wenn (1) unter ‚einfach' das wirklich Notwendige verstanden wird, und nicht mehr oder weniger, und (2) sich die Beschaffenheit des Einfachsten aus allen jeweils relevanten endo- und exomathemischen Komponenten bestimmt.

Lernziel: der durch einen Lernprozess zu erreichende neue Wissens- und/oder Seinszustand.

lesen: den Inhalt eines Textes durch Verstehen erleben.

Liebe (1): Zuneigung zu etwas, was angenehm ist.

Liebe (2): auf jemanden oder etwas bezogene oder bezugslose (1) bedingungslose, (2) das eigene Ich beinhaltende, nährende und auflösende, (3) grundexistenziell-wonnige und „unerträglich" glückselige Bejahungsunendlichkeit.

lieben, in Liebe sein: innerhalb, durchdrungen und genährt von Liebe sein.

Linie: die Länge, die zwei voneinander unterschiedliche Punkte verbindet.

Logik (1): begründende Folgerichtigkeit.

Logik (2): die sinnhafte innere Struktur einer Tatsache, eines Sachverhaltes, eines Geschehens oder einer Handlung.

logisch: alles, was eine Logik hat.

Lösung (1): die Art und Weise der Beseitigung eines Problems oder einer Schwierigkeit.

Lösung (2): die Art und Weise des Erreichens eines Ziels.

Lust (1): mit Euphorie erfülltes Empfinden.

Lust (2): mit Euphorie erfülltes Wollen.

machen (1): erschaffen.

machen (2): verursachen.

Manifestation (1): eine entstandene bestimmte Energieform.

Manifestation (2): aus dem Mysterium entsprungene, freie und gebundene Energie.

Maschine: erschaffene stoffliche Struktur, die durch Kraft oder Energie eine Arbeit erfüllt.

Materie: Konzentration physikalisch-chemischer Elemente.

Mathem: in sich abgeschlossener sinnvoller Teil eines Lerninhalts.

Mathematik: das Quantifizieren der Wirklichkeit und der Lebenswelt, das heißt, das Transformieren beider in Größen, Mengen und Maße, um (rechnerisch) unterschiedliche und vielfältige Ziele in beiden Bereichen zu erreichen.

Mathetik: die Wissenschaft vom Lernen (manthanein = lernen).

meditieren (1): ruhiges, tieferes und besinnliches Nachdenken.

meditieren (2): alle eigenen aktiven organismischen Kräfte sammeln und in die Wirklichkeit eintauchen, um geistige Klarheit oder/und seelische oder/und spirituelle Genährtheit zu bekommen oder/und zu erreichen.

Medizin: Erforschung und Studium wahren Wissens über die angemessene und gute Aufrechterhaltung, Versorgtheit und Funktionsweise aller lebendigen Organismen.

meinen: eine Meinung haben.

Meinung: auf etwas bezogene bestimmte Wahrnehmung oder/und bestimmtes Verstehen oder/und bestimmte Gewissheit einer Person.

meistens: die zwischen sehr große bis größte Anzahl des Geschehens oder Da-Seins von etwas.

MeisterIn: eine Person mit einer vollständigen oder sehr hohen Fähigkeit in etwas.

meisterhaft: wie ein/e MeisterIn.

meistern (1): etwas Schwieriges können oder zu Ende bringen.

meistern (2): etwas unter Kontrolle halten.

Meisterschaft: die vollständige oder sehr hohe Fähigkeit in etwas.

Menge (1): eine Anzahl voneinander unterscheidbarer Entitäten.

Menge (2): als Ganzes wahrgenommene Gesamtheit von unterschiedlichen Elementen.

Mensch: ein Organismus, der biologisch-anatomisch der Homo-Sapiens-Gattung angehört und Sprach-, Vernunft- und Empfindungsintelligenz besitzt.

Merkmal: etwas, das eine Entität von einer, mehreren oder allen anderen Entitäten unterscheidet.

messen: herausfinden, wie viel etwas ist, wenn es verglichen wird mit etwas seiner Art.

mit: innerhalb der Anwesenheit oder des Raums einer oder mehrerer Personen oder Wesenheiten oder Dinge.

Mittel: etwas, mit dem etwas anderes erreicht werden kann.

möglich: alles, für dessen Existenz es Ursachen gibt oder Ursachen denkbar sind.

Möglichkeit (1): etwas, das möglich ist.

Möglichkeit (2): ein Mittel.

Motivation: ein Gefühlszustand, in dem eine bewegende Kraft (ausgehend von einer Motiviertheit) zu etwas hin empfunden wird.

motivationale Intelligenz: (a) das Erfahrungswissen über die eigenen Bedürfnisse und (b) das Gespür für die realen Lebensnotwendigkeiten gepaart mit (c) der Fähigkeit zur Erfüllung beider.

Motiviertheit: das Empfinden einer bedürfnisgenerierten Unruhe.

Musik: Emotionen und innere Gefühlszustände verursachende Anordnung von Klängen.

müssen: unwiderstehlich unabtrennbarer Teil einer Bewegtheit oder eines Kraftstroms zu etwas hin sein.

Mut: das Spüren der Kraft oder/und Fähigkeit, etwas als schwierig Empfundenes zu tun.

Mysterium (1): das, was vor unserem Wissenkönnen verborgen bleibt.

Mysterium (2) aller Existenz: das Unbekannte, Ungewusste und Unerklärliche, aus dem heraus alles manifestiert Seiende, alle Energie und aller Raum entspringen.

nach (1): zeigt etwas, was im Raum etwas anderem

folgt.

nach (2): zeigt etwas, das später als etwas anderes da ist oder geschieht.

nach (3): zeigt eine bestimmte Richtung oder ein bestimmtes Ziel.

nachdenken: denken, um etwas herauszufinden oder/und zu verstehen.

nachher: zeigt etwas, das in der Zeit etwas anderem folgt.

nah: in kleinem Abstand.

Nähe (1): in einem kleinen Abstand von etwas.

Nähe (2): der Gefühlszustand einer mehr oder weniger vertrauten oder/und intimen Beziehung zu einem Lebewesen.

nähren: einem Lebewesen geeignete Nahrung für Gesundheit und Wachstum geben.

Nahrung: alle Stoffe, die für das Existieren oder/und Wachsen und für das ruhende und zufriedene

Ganzsein eines Lebewesens notwendig sind.

Natur: der Ursprung von etwas und die unveränderbaren Gesetzmäßigkeiten seines Geschehens und Existierens.

natürlich: der Natur von etwas entsprechend und mit ihr restlos übereinstimmend.

negativ: Verneinung verursachend.

nein: Ausdruck von Verneinung.

neu: seit kurzer Zeit in der Existenz.

Neugier: das Bedürfnis, etwas zu erfahren oder/ und zu wissen.

nicht: zeigt die Abwesenheit der Existenz, Wahrheit, Gültigkeit oder des Stattfindens von etwas.

normal: etwas, das in seinen Eigenschaften so ist wie von anderen (meistens, allgemein) erwartet.

notwendig: die Bezeichnung für etwas, das geschehen oder vorhanden sein muss, damit etwas anderes geschehen oder vorhanden sein kann.

Notwendigkeit: das, was geschehen oder vorhanden sein muss, damit etwas anderes geschehen oder vorhanden sein kann.

nutzen: etwas zum Mittel einer zweckvollen Handlung umwandeln.

oft: die große Anzahl des Geschehens oder Da-Seins von etwas.

Ökologie: die Wissenschaft (a) von der Gesamtheit der Beziehungen aller Lebewesen zu ihrer Lebenswelt und (b) von der Gesamtheit der Wirkungen beider aufeinander.

Ökonomie: die Wissenschaft von der Gesamtheit der Gesetze, die die Steuerung, Aufrechterhaltung und (dynamische) Entwicklung der Ressourcen innerhalb eines bestimmten Bereichs bestimmen und entscheiden.

ontisch (1): die Eigenschaft, tatsächlich zu existieren.

ontisch (2): die Qualität des Wissens von etwas, die durch das Sein (im eigenen Wesen) von diesem etwas möglich wird oder da ist.

Ordnung (1): die Art und Weise des zufälligen oder zweckvollen Eingerichtetseins von etwas.

Ordnung (2): die von einem bestimmten System erforderliche Zusammensetzung und Einrichtung eines oder mehrerer Elemente.

Ordnung (3): der angemessene Zustand.

Organ: ein in sich vollständiger, integrierter und eine bestimmte Funktion erfüllender Teil eines Lebewesens.

Organisation (1): der Akt des Organisierens oder/ und ein organisierendes Geschehen oder der Zustand der Organisiertheit.

Organisation (2): eine Gruppe von Lebewesen, die so miteinander in Beziehung stehen und handeln, dass ein bestimmter Zweck erfüllt oder ein bestimmtes Ziel erreicht wird.

organisieren: ein System in solch eine günstige zusammenhängende Anordnung bringen, dass dieses System eine fließende Funktionalität oder alle Eigenschaften eines gesunden lebendigen Organismus besitzt, damit ein bestimmter Zweck erfüllt oder ein bestimmtes Ziel erreicht wird.

organismisch: einem Organismus zugehörig oder ihn betreffend.

organismische Intelligenz: das Wissen und die Fähigkeit, die aus dem Empfinden der Wirkung aller Geschehnisse oder aller Einnahme verschiedener psychophysischer Nahrung auf die Gesundheit und Zufriedenheit eines Lebewesens als Ganzes entstehen und nicht auf nur einen von allen Aspekten, die ein Lebewesen als Organismus ausmachen.

Organismizität: organismische Wirklichkeit, Potenzialität und Intelligenz.

Organismus: ein Lebewesen oder ein komplexes lebendiges System, das aus miteinander zusammenhängenden Elementen besteht, deren Eigenschaften und Beziehungen zueinander von einem dem Lebewesen/System als Ganzes dienenden und diesem innewohnenden zweckbestimmten (Existenzbestimmungs-) Kompass „entschieden" werden.

„Von einem gewissen Punkt an gibt es keine Rückkehr mehr. Dieser Punkt ist zu erreichen."

Franz Kafka

Von ‚Ort‘
bis ‚Spontaneität‘

Ort: ein Teil, ein Bereich oder ein Punkt innerhalb des Raums oder eines Raums.

Person: ein Würde tragender und Freiheit empfindender Mensch.

Pflicht: die natürlich empfundene oder/und reflektiert entschiedene Notwendigkeit, irgendwie zu sein oder/und etwas zu tun.

phänomenologisch: die Dimension des Erlebten, so wie dieses uns (subjektiv) bewusst erscheint.

Philosophie: die Liebe zur Weisheit.

Physik: Erforschung und Studium wahren Wissens (a) über die Beschaffenheit von Materie, Energie und allen Kräften sowie (b) über alle Gesetze des Existierens und Verhaltens dieser.

physisch: körperlich oder/und materiell.

Plan: ein überlegtes System, mit dem etwas erreicht werden soll oder kann.

planen: einen Plan zur Existenz bringen.

Platz: ein Teil, ein Bereich oder ein Punkt innerhalb des Raums oder eines Raums.

positiv (1): Bejahung verursachend.

positiv (2): die Eigenschaft des Gut- oder Nützlich-Seins für etwas.

Pragmatismus: die Fähigkeit oder/und Art und Weise, sich an realen Situationen zu orientieren und an dem Wissen, wie diese zum Erfolg führen können, wenn Probleme zu lösen oder Ziele zu erreichen sind.

praktizieren: etwas länger und wiederholt tun, um darin besser oder sehr gut zu werden.

präzise: in jeder kleinsten Einzelheit einer Vorgabe oder Erwartung entsprechend.

priorisieren: die Stufen eines mehrstufigen Geschehens oder die einzelnen Elemente einer Liste hinsichtlich ihres Vorrangs auflisten.

Priorität: Vorrang vor etwas anderem.

Problem: kleiner bis hoher Grad der Störung des

Geschehens oder Existierens von etwas.

Prozess: ein mehrstufiges Geschehen.

psychisch: geistig-seelisch.

psychophysisch: geistig-seelisch-körperlich.

Qualität: der Grad der Geartetheit oder/und Beschaffenheit von etwas, das einen Zweck erfüllt.

quantifizieren (1): etwas zu Quantität(en) verwandeln.

quantifizieren (2): etwas in Größen, Mengen und Maßen transformiert wahrnehmen.

Quantifizierung: das Geschehen des Quantifizierens.

Quantität: die Anzahl oder Menge von etwas.

rational: die Eigenschaft oder/und Fähigkeit des folgerichtigen Begründens besitzend.

Rationalität: die Eigenschaft oder/und Fähigkeit des folgerichtigen Begründens.

Raum (1): die alles enthaltende Unendlichkeit.

Raum (2): ein teilweise oder gänzlich von etwas umschlossener leerer Inhalt.

real: alles, was existiert.

realisieren (1): erkennen.

realisieren (2): verwirklichen.

Realismus: die Fähigkeit oder/und Art und Weise, die Dinge so wahrzunehmen, wie sie wirklich sind, ohne beeinflusst zu werden und zu sein von Glauben, Wunschdenken, Unklarheit und Hoffnung.

Realität: die Gesamtheit von allem, was existiert.

rechnen: herausfinden, wie viel etwas ist, wenn es verglichen wird mit etwas seiner Art.

rechtschreiben: Wörter in der Buchstabenreihenfolge schreiben, aus der sie bestehen.

Regel: menschlich entschiedene und festgelegte und alle Beteiligte bindende Art und Weise des Verhaltens.

Reihe: die Gesamtheit von mindestens zwei oder mehreren räumlich, zeitlich oder inhaltlich nacheinander folgenden Dingen oder Entitäten.

Reihenfolge: die Anordnungsweise von zwei oder mehreren Dingen oder Entitäten in einer Reihe.

Relation: die Art und Weise wie etwas mit etwas anderem zusammenhängt oder verbunden ist oder wie Dinge oder Entitäten miteinander zusammenhängen oder verbunden sind.

Repräsentation: die Darstellung von etwas mittels einer anderen Ebene/Dimension als der, zu der dieses Etwas gehört.

richtig (1): wahr.

richtig (2): gut oder/und angemessen.

Richtung: die Linie hin zu einem Ziel oder/und Punkt.

Ruhe: der Zustand der Ungestörtheit oder/und Bewegungslosigkeit.

Ruhelosigkeit: der Zustand der längeren oder/und

bleibenden inneren Gestörtheit oder/und störenden Bewegtheit.

Sachverhalt: der Zustand der Entitäten, die für die Existenz oder/und das Geschehen von etwas wichtig oder bestimmend sind, und ihre Beziehung zueinander.

Satz (1): vollständige sinnvolle sprachliche Information.

Satz (2): eine zusammengehörende Gruppe von Wörtern, die ein Subjekt und ein Verb enthält.

schlecht: etwas, das die Erfüllung eines Zwecks stört oder für diese gar nicht angemessen ist.

schlussfolgern: etwas als begründete Folge von etwas anderem erkennen.

Schlussfolgerung: das Erkennen von etwas als begründete Folge von etwas anderem.

Schmerz: physisch oder/und psychisch nicht leicht bis sehr schwer zu ertragender kampfvoller Zustand.

schön: die Eigenschaft von etwas Wahrgenommenem oder Erlebtem, in uns Befriedigung oder/und Euphorie oder/und Zufriedenheit zu verursachen.

Schönheit: der Zustand oder die Beschaffenheit von etwas, dessen Wahrnehmung in uns Befriedigung oder/und Euphorie oder/und Zufriedenheit hervorruft.

Schritt: ein Teil des Fortkommens oder Näherseins hin zu einem Ziel.

Schulasthenie: die Schwäche oder Schwierigkeit darin, (a) lerninspirierend und lernintelligent zu wirken oder/und (b) Lerninhalte angemessen, d.h. empfängerzentriert zu vermitteln.

Schule: physischer oder inhaltlicher Ort des Schulens.

schulen: so wirken oder tätig sein, dass ein Mensch oder ein Lebewesen lernintelligente Hilfe, Unterstützung, Begleitung oder/und Wissen darin und darüber bekommt, wie die eigenen Lernbedürfnisse oder -notwendigkeiten organismisch weise zu realisieren sind.

Schulintelligenz: die Fähigkeit, andere begeistert, lernintelligent, interpersonell-lernintelligent und empfängerzentriert zu schulen.

schwer (1): etwas, das viel Gewicht hat.

schwer (2): etwas, für das viel Kraft oder Arbeit notwendig ist.

Schwerpunkt: das wichtige(re) Zentrum eines inhaltlichen Zusammenhangs.

schwierig: schwer.

Schwingung: Vibration.

seelisch: den durch eine oder mehrere Emotionen verursachten inneren Zustand eines Lebewesens betreffend.

Sehnsucht: tieferes, sehr starkes und das Wesen eines Lebewesens entscheidend berührendes Bedürfnis, irgendwie zu sein oder/und etwas zu erleben.

sehr: zu einem hohen bis höchsten Grad.

sein (1): sich an einem Ort befinden.

sein (2): eine Eigenschaft haben oder sich in einem Zustand befinden.

sein (3): existieren.

sein, in der Welt: existieren, empfinden und erleben innerhalb der Gesamtmanifestation, die in jedem Moment vom Umfang her das Größte ist.

Selbst/Ich: die alles Wahrgenommene und Erlebte empfangende/einschließende und sich als die eigene Identität erlebende Energie-Ausdehnung eines ausreichend entwickelten Organismus.

Selbstbejahung: der Akt oder Zustand der Selbstliebe.

selbstbewusst: der Zustand, bei dem ein Organismus sich selbst im Radius seines Bewusstseins oder seiner Aufmerksamkeit einschließt.

Selbstbewusstsein: das sich-selbst-Spüren eines Ichs.

Selbstliebe: auf sich selbst bezogene (1) bedingungslose, (2) das eigene Ich beinhaltende, nährende und auflösende, (3) grundexistenziell-wonnige und „unerträglich"-glückselige Bejahungsunend-lichkeit.

selbstständig: unabhängig von anderen sein (1) in der Art zu leben und zu existieren und darin (2), alle notwendigen Ressourcen für das Leben zu verursachen.

Selbstständigkeit: das Unabhängigsein von anderen (1) in der Art zu leben und zu existieren und darin (2), alle notwendigen Ressourcen für das Leben zu verursachen.

Selbstvertrauen: das starke Empfinden der wertvollen eigenen Fähigkeiten, Eigenschaften und Qualitäten.

Selbstwert: der Grad der durch Erfahrung bestätigten Wichtigkeit oder/und Zufriedenheit, die ein Lebewesen von sich selbst spürt.

sicher (1): ohne Gefahr.

sicher (2): gewiss.

signifikant: wichtige Bedeutung oder/und Bedeutsamkeit haben oder einen wichtigen Inhalt zeigen (signum = Zeichen, significare = zeigen).

Sinn (1): mit einem Organ eines Lebewesens verbundene Fähigkeit des Empfindens und Wahrnehmens.

Sinn (2): Bedeutung oder Inhalt von etwas.

Sinn (3): Ziel oder Zweck von etwas.

Sinn des Lebens (1): der Zweck des Lebens selbst.

Sinn des Lebens (2): der Zweck eines individuellen Lebens anhand des eigenen Entwurfs.

Sinn des Lebens (3): der Zweck eines individuellen Lebens anhand der eigenen Aktualisierungstendenz.

Sinn des Lebens (4): der dem Leben innewohnende Zweck des Entfaltens und Realisierens oder Verwirklichens der das Leben ausmachenden Kräfte und Anlagen innerhalb und als Ausdruck und Ereignis der möglichst ganzheitlichen reinen Realität.

sinnvoll (1): etwas, das teilweise oder vollständig zum Erreichen eines Zwecks angemessen ist.

sinnvoll (2): etwas, das eine verständliche oder/und logische Bedeutung hat.

sollen: verpflichtet sein, aufgefordert sein oder die Notwendigkeit spüren/erkennen, etwas zu tun oder/und zu sein.

Sorge (1): das von einem (möglichen) Problem oder einer (möglichen) Gefahr verursachte Empfinden von Unruhe oder/und Angst.

Sorge (2): Aktivität, die das gute oder/und angenehme Geschehen oder Existieren von einem Lebewesen oder von etwas anderem als Zweck hat.

Spannung: Gehaltenheit und Gedrücktheit des inneren Energieflusses.

später: zukünftiger (in der Zukunft weiter) als etwas anderes.

Spiel: eine sehr oft in ihrem Geschehen auch von Regeln bestimmte Aktivität, die Freude oder/und Befriedigung verursacht.

spielen: an einem Spiel teilnehmen.

spontan: frei, ungeplant, natürlich, authentisch, von selbst.

Spontaneität: der Gefühlszustand, in dem freies, ungeplantes, natürliches und authentisches Erleben und Handeln stattfinden.

„Dem Göttlichen kann nichts hinzugefügt oder weggenommen werden. Es kann nicht mit Blumen und Blättern angerufen oder angebetet werden. Meditationen und Mantras können es nicht erreichen. Wie könnte es als Höchstes verehrt werden? Denn in Ihm gibt es weder Unterschiede noch Einheit."

Avadhuta Gita

Von **‚Sprache'**

bis **‚Zweisamkeit'**

Sprache (1): die Gesamtheit aller Inhalte, die durch Sprechen und Schreiben kommuniziert werden können.

Sprache (2): die (menschliche) Fähigkeit, Inhalte durch Sprechen und Schreiben zu kommunizieren.

Sprache (3): ein System der Kommunikation.

Sprachintelligenz: das Beherrschen angemessener Wörter und Ausdrucksformen zum Beschreiben von Inhalten des Wahrnehmens, Fühlens, Erlebens, Denkens und Wissens.

Sprachwissenschaft: die Wissenschaft der Herkunft, der Funktion und der Anwendungsarten von Sprache.

spüren: empfinden.

stark (1): hohen Grad von Kraft enthaltend.

stark (2): der Grad der Fähigkeit von jemandem, aktiv zu sein.

Stärke (1): hoher Grad von Kraft.

Stärke (2): der Grad der Fähigkeit, aktiv zu sein.

sterben: das Ende des Lebens erreichen.

steuern: die Weise und die Richtung der Bewegung/ Veränderung von etwas von einem Ort/Zustand zu einem anderen Ort/Zustand bestimmen.

Stoff: Konzentration physikalisch-chemischer Elemente.

stören: den natürlichen oder/und guten Zustand oder das natürliche oder/und gute Geschehen von etwas nicht stattfinden und nicht so sein lassen, wie es ist.

Störung: das Nicht-Stattfinden-Lassen und das Nicht-So-Sein-Wie-Es-Ist-Lassen des natürlichen oder/und guten Zustandes oder Geschehens von etwas.

Strategie: das Organisiertsein eines Prozesses, der zum Erreichen eines Ziels führt oder führen soll oder kann.

Stress: der durch etwas verursachte und deshalb von Ruhelosigkeit oder/und Druck oder/und Zerrissenheit charakterisierte Gefühlszustand.

Struktur: die bestimmte Art und Weise des Zusammenhängens oder der Verbundenheit aller Elemente eines Systems miteinander.

Subjekt (1): der psychophysische Empfänger von Erfahrungen innerhalb des Bewusstseins eines ausreichend entwickelten lebendigen Organismus.

Subjekt (2): der Teil (das Wort oder die Wortgruppe) in einem Satz, von dem der Inhalt eines Verbs ausgeht.

Symbol: Zeichen.

System: ein aus miteinander zusammenhängenden Teilen bestehendes einheitliches Ganzes.

Tatsache: das Existieren oder Wahrsein von etwas.

Technik (1): die Struktur, Beschaffenheit und Arbeitsweise einer Maschine oder von Maschinen im Allgemeinen.

Technik (2): die Struktur und die Art und Gesamtheit der Schritte einer zweckvollen Aktivität.

Teil: eine von zwei oder mehreren Entitäten, die zusammengenommen ein Ganzes sind.

teilnehmen: innerhalb eines Zustands, Seins oder/und Geschehens existieren.

Text: schriftliche Wiedergabe eines Inhalts durch eine Reihe zusammenhängender wohlgeordneter und sinnvoller Sätze.

Tod: das unumkehrbare Geschehen, nach dem ein Lebewesen nicht mehr lebt oder/und existiert.

Transformation: das Umgewandeltwerden der Beschaffenheit oder/und der Gestalt oder/und der Struktur oder/und des Wesens oder/und der Identität von etwas.

transformieren: die Beschaffenheit oder/und die Gestalt oder/und die Struktur oder/und das Wesen oder/und die Identität von etwas umwandeln und in eine neue Existenzweise bringen.

Trauer: innerlich empfundene beklemmende Energie und Niedergedrücktheit, meistens durch einen Mangel, dessen Beseitigung ein zufriedenes Ganzsein vervollständigen würde.

Trauma: meistens durch eine lebensbedrohliche oder/und stark schmerzhafte Situation verursachte länger bleibende seelisch-geistige Wunde.

tun: zweckvoll aktiv sein.

üben: körperliche oder/und geistige oder/und seelische Fähigkeiten (wiederholt) anwenden mit dem Ziel, diese Fähigkeiten aufrechtzuerhalten oder/und zu verbessern.

überlegen: präzise denken, um etwas treffsicher herauszufinden oder/und zu verstehen.

umwandeln: etwas in eine neue Gestalt oder/und Beschaffenheit bringen.

Umwandlung: der Prozess, durch den etwas in eine neue Gestalt oder/und Beschaffenheit kommt.

unangenehm: Unzufriedenheit oder Störung des Zustands eines Lebewesens verursachend.

Universum: das Weltall.

Unruhe: der Zustand der inneren Gestörtheit oder/und störenden Bewegtheit.

unterschiedlich: mit einer anderen Identität (in Bezug auf eine bestimmte Entität).

unwahr: nicht wahr.

Ursache: ein Geschehen oder ein Dasein, aus dem heraus etwas geschieht oder zur Existenz kommt.

Urteil: begründete Meinung oder Entscheidung über etwas.

urteilen: ein Urteil bilden oder zeigen.

verändern: die Veränderung von etwas verursachen.

Veränderung (1): der Prozess, durch den etwas anders wird.

Veränderung (2): der Prozess, durch den etwas in seiner Form oder/und Beschaffenheit oder/und Quantität oder/und Eingerichtetheit anders oder zeitlich neu wird.

Veränderung (3): quantitative oder/und qualitative Umwandlung oder Transformation energetischer Anordnungen oder manifestierter Konfigurationen.

verantwortlich: zuständig sein für etwas, wofür jemandem die Urheberschaft natürlicherweise gehört oder durch andere Festlegungen zugehörig ist.

Verantwortung: die natürliche oder anders festgelegte Zuständigkeit für etwas, also die berechtigende und verpflichtende Urheberschaft für etwas.

Verb: die Wortart, mit der gewöhnlich ein Geschehen oder Tun bezeichnet wird.

verbinden: zwei oder mehrere Entitäten in eine Art des Zusammenseins bringen.

Verbindung: eine Art des Zusammenseins zwischen zwei oder mehreren Entitäten.

Vereinbarung: eine zwischenmenschliche Festlegung auf etwas für alle Beteiligte Geltendes und alle Beteiligte Bindendes.

vergangen: alles, was schon da war oder was schon geschehen ist.

Vergangenheit: die Zeit, in der (verglichen mit der Gegenwart) alles schon da war oder alles schon geschehen ist.

Verhalten: die Art und Weise des Seins und Handelns im Allgemeinen und im Zusammensein mit anderen.

Verhaltensintelligenz: das Wissen und die Fähigkeit des angemessenen Seins und Handelns im Allgemeinen und im Zusammensein mit anderen.

verinnerlichen: etwas durch Erleben, Praktizieren oder Lernen zu einem vereinigten und nicht mehr abtrennbaren Teil des eigenen Gesamtseins und -könnens machen.

verlässlich: die Eigenschaft von etwas, als unveränderlich empfunden zu werden.

Verlässlichkeit: empfundene Gewissheit von der Unveränderlichkeit von etwas.

vermeiden: etwas nicht stattfinden lassen oder sich von etwas entfernen.

verneinen: Verneinung empfinden oder auch zeigen.

Verneinung (1): das Zeigen der Wahrnehmung von etwas als falsch oder unwahr.

Verneinung (2): das Empfinden oder Zeigen des Nicht-Zusammensein-Wollens mit etwas.

Vernunft: die Fähigkeit des logischen Denkens, Verstehens und Urteilens.

vernünftig: etwas, das logisch oder/und sinnvoll oder/und wohl-begründet ist.

Verpflichtung: das Empfinden einer Pflicht.

Verstehen: das Wahrnehmen oder/und Empfinden oder/und Werden der Identität, der Bedeutung, des Inhalts oder/und des Wesens von etwas.

Vertrauen (1): der seelisch-geistig tiefe (und nährende) Wissens- und Gewissheits-Zustand einer Person oder überhaupt etwas anderem gegenüber, welche/s in ihrem oder seinem wahren Sein und Verhalten zur vertrauenden Person untrüglich verlässlich oder/und wohlwollend ist.

Vertrauen (2): empfundene Gewissheit von der Richtigkeit, Wahrheit oder/und Verlässlichkeit von etwas.

verursachen: durch Tun, Verhalten oder Sein etwas

zum Geschehen bringen oder zur Existenz kommen lassen.

verweilen: bleiben.

verwirklichen: bewirken, durch bestimmte Anwendung von bestimmten Kräften in die Existenz bringen.

Verwirrung: das Gefühl der Gestörtheit der geistigen oder/und emotionalen oder/und der gesamten energetischen Ordnung.

Vibration: schnelle bis sehr (unmerklich) schnelle Bewegung von etwas, das in geringem Abstand hin und her schwingt.

viel: zeigt die große Menge oder Anzahl von etwas.

Vitalität: Lebendigkeit.

voll: die Eigenschaft des Etwas-Enthaltens im höchsten möglichen Grad.

vollständig: ganz.

vollziehen: einen Prozess von seinem Anfang bis zu

seinem Ende (vollständig) verursachen.

vor (1): zeigt etwas, was in der Zeit oder im Raum zuerst kommt oder kommen muss in Bezug auf etwas anderes.

vor (2): zeigt, dass sich etwas an der Vorderseite von etwas anderem befindet.

vorher: zeigt, was in der Zeit zuerst kommt oder kommen muss in Bezug auf etwas anderes.

wachsen: im Prozess sein, in einer oder mehreren Eigenschaften einen höheren Grad zu erreichen.

wahr (1): alles, was wirklich ist.

wahr (2): alles, was mit der Wirklichkeit übereinstimmt.

Wahrheit (1): eine Eigenschaft des Wirklichen.

Wahrheit (2): die Übereinstimmung einer Information oder eines Geschehens mit der Wirklichkeit.

wahrnehmen: Objekte oder Elemente der äußeren oder inneren Realität in ihrer Identität bewusst mehr oder weniger konkret mit Hilfe von Empfindungsfähigkeiten, wie den Sinnen, mitkriegen.

Wahrnehmung: das bipolare Geschehen, durch das einem Subjekt, d.h. einem psychophysischen Empfänger, Objekte oder Elemente der äußeren oder inneren Realität mit Hilfe von Empfindungsfähigkeiten, wie den Sinnen, auf mehr oder weniger konkrete Weise in ihrer Identität bewusst werden.

Weise: Gesamtheit von Eigenschaften, die bestimmen, wie etwas geschieht oder existiert.

Weisheit: durch Erleben und Verstehen entstandenes tieferes bis tiefstes Wissen.

weit: in großem Abstand.

Welt: alles, was existiert, und das, worin es existiert.

Weltall: der gesamtexistierende Raum und alles darin Existierende.

wenig: zeigt eine kleine oder geringe Menge von etwas.

werden: durch Energie und Kraft zu einem Zustand

oder/und einer Eigenschaft kommen.

Werk: etwas, das von Personen oder Lebewesen getan oder (auch von der Natur) erschaffen wurde.

Wert: der Grad der Wichtigkeit, den etwas für ein Lebewesen hat.

wertvoll: der hohe Grad der Wichtigkeit, den etwas für ein Lebewesen hat.

wichtig: etwas, das für ein Lebewesen oder einen Prozess oder Sachverhalt Wichtigkeit besitzt.

Wichtigkeit: die Beschaffenheit oder/und Qualität von etwas, bestimmt durch den Grad, zu dem es ein Bedürfnis oder eine Notwendigkeit erfüllt.

Wille: die gerichtete Gesamtkraft, die ein Lebewesen zu einer Existenz- oder/und Seinsweise oder/und zu einer wirksamen Handlung antreibt, und aus allen jeweiligen Bedürfnissen heraus entsteht.

wirken: auf ein Lebewesen oder etwas anderes eine Wirkung haben.

wirklich: alles, was existiert.

Wirklichkeit: die Gesamtheit von allem, was existiert.

Wirkung (1): die von etwas verursachte und von einem Lebewesen gespürte Veränderung.

Wirkung (2): das, was direkt und ausschließlich als naturgesetzliche oder/und persönlich empfundene Folge von etwas da ist oder geschieht, das vorher da ist oder geschieht.

Wissen (1): natürlich abrufbare und zu-etwas-befähigende lebendige Information oder Gesamtheit von Informationen.

Wissen (2): die Gesamtheit von allem, was ein Lebewesen gelernt oder/und erlebt hat.

Wissenschaft: der „Erschaffung" oder/und Entdeckung von wahrem Wissen gewidmete Tätigkeit.

wissenschaftlich: alles, was der „Erschaffung" oder/und Entdeckung von wahrem Wissen gewidmet ist und dient.

wollen: Motiviertheitsenergie zur Erfüllung eines Bedürfnisses spüren.

Wollen, wahres: wirkliches Wollen, das handlungswirksam ist. Wir können es nicht spüren und gleichzeitig passiv und tatenlos bleiben. Das wahre Wollen erkennen wir an der Unruhe. Wenn ich etwas wirklich will, dann erkenne ich das daran, dass ich unruhig werde, wenn ich das Gewollte noch nicht habe oder bin. So unruhig, dass ich mich automatisch dem Bewegungsdrang hingebe, der das notwendige Handeln generiert, das mich zum Gewollten führt.

Wort: der kleinste sprech- und schreibbare Teil von Sprache, der den Inhalt oder die Bedeutung von etwas zeigt.

Wunde: körperliche oder/und seelische Störung oder Verletzung, die Schmerz verursacht.

Wunder: etwas, das durch seine unerklärlich sehr starken Eigenschaften einen ganzheitlich gespürten tiefen und angenehm einnehmenden Gefühlszustand verursacht.

Wurzel unserer Existenz: die Schnittstelle zwischen der Existenz an sich und unserem psychophysischen Dasein. An dieser Schnittstelle beginnt unsere Existenz, d.h. unser Bewusstsein darüber, dass wir da sind. Am bewussten Beginn unserer Existenz entsteht unsere ursprünglichste Berührung von der Gesamtheit der Wirklichkeit. Aus dieser Berührung und der Interaktion mit ihr generieren und formen sich Schnappschüsse und Muster von Eindrücken, Bedürfnissen und Einstellungen.

Zeichen: etwas, das etwas anderes inhaltlich zeigt.

Zeit: die „Länge" des Existierens von etwas oder die „Länge" eines Geschehens.

zeitlich: Zeit betreffend.

Zeitraum: ein kleinerer oder größerer Teil der Zeit, ein kleinerer oder größerer Teil also von der „Länge" des Existierens von etwas oder von der „Länge" eines Geschehens.

Ziel: der Endzustand oder -ort einer Bewegung oder Handlung.

Zivilisation (1): die Gesamtheit wertvollen vermehrten Wissens mit dem Zweck des guten menschlichen Zusammenseins.

Zivilisation (2): durch Bildung entstandene menschliche Seins- und Lebensweise.

Zufriedenheit: der Zustand und das Gefühl der Genährtheit, der Ruhe, des Ganzseins und der Freiheit.

Zukunft: die Zeit, in der (verglichen mit der Gegenwart) alles da sein wird, was noch nicht da war, und
alles noch geschehen wird, was noch nicht geschehen ist.

zukünftig: alles, was noch nicht da war und da sein
wird, und alles, was noch nicht geschehen ist und
noch geschehen wird.

Zuneigung: der Gefühlszustand, zu etwas näher
kommen zu wollen oder bei etwas sein zu wollen.

zusammen: innerhalb der Anwesenheit oder des
Raums einer oder mehrerer Personen oder Wesenheiten oder Dinge sein.

Zusammenhang: die Beschaffenheit der Verbindung oder/und Beziehung von etwas mit etwas anderem.

zusammenhängen: in einer Verbindung oder/und
Beziehung mit etwas anderem sein.

Zusammensein: innerhalb der Anwesenheit oder des Raums einer oder mehrerer Personen oder Wesenheiten oder eines oder mehrerer Lebewesen oder Dinge so sein, oder so damit verbunden sein, dass anstatt des Alleinseins das spürbare Teilsein eines größeren Ganzen entsteht oder da ist.

Zustand: die Beschaffenheit und Art und Weise des Seins oder Existierens von jemandem oder etwas.

Zwang: eine uns beherrschende, beeinflussende oder einschränkende Kraft oder Gegebenheit, die nicht aus unserer Freiheit oder freien eigenen Motivation entspringt.

Zweck: das Ziel einer Handlung oder eines Geschehens oder eines Prozesses.

Zweifel: der Gefühlszustand, dass etwas nicht so ist, wie es wahrgenommen wird oder/und wie es erscheint oder/und wie es dargestellt wird.

Zweig (1): der Teil eines Astes an einem Baum oder an einer größeren Pflanze.

Zweig (2): einer von mehreren Teilen eines Bereichs.

Zweisamkeit: der Gefühls- und Existenzzustand des Zusammenseins mit einem anderen Lebewesen.

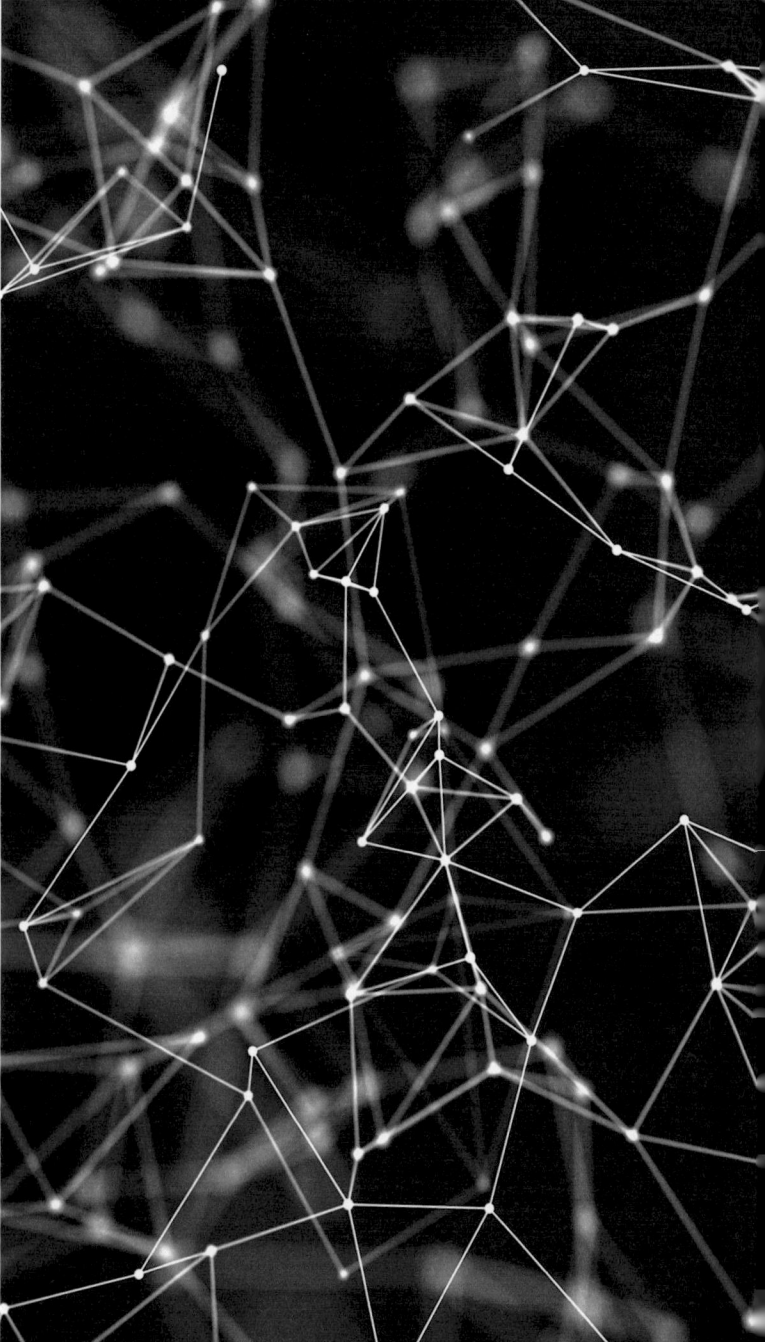

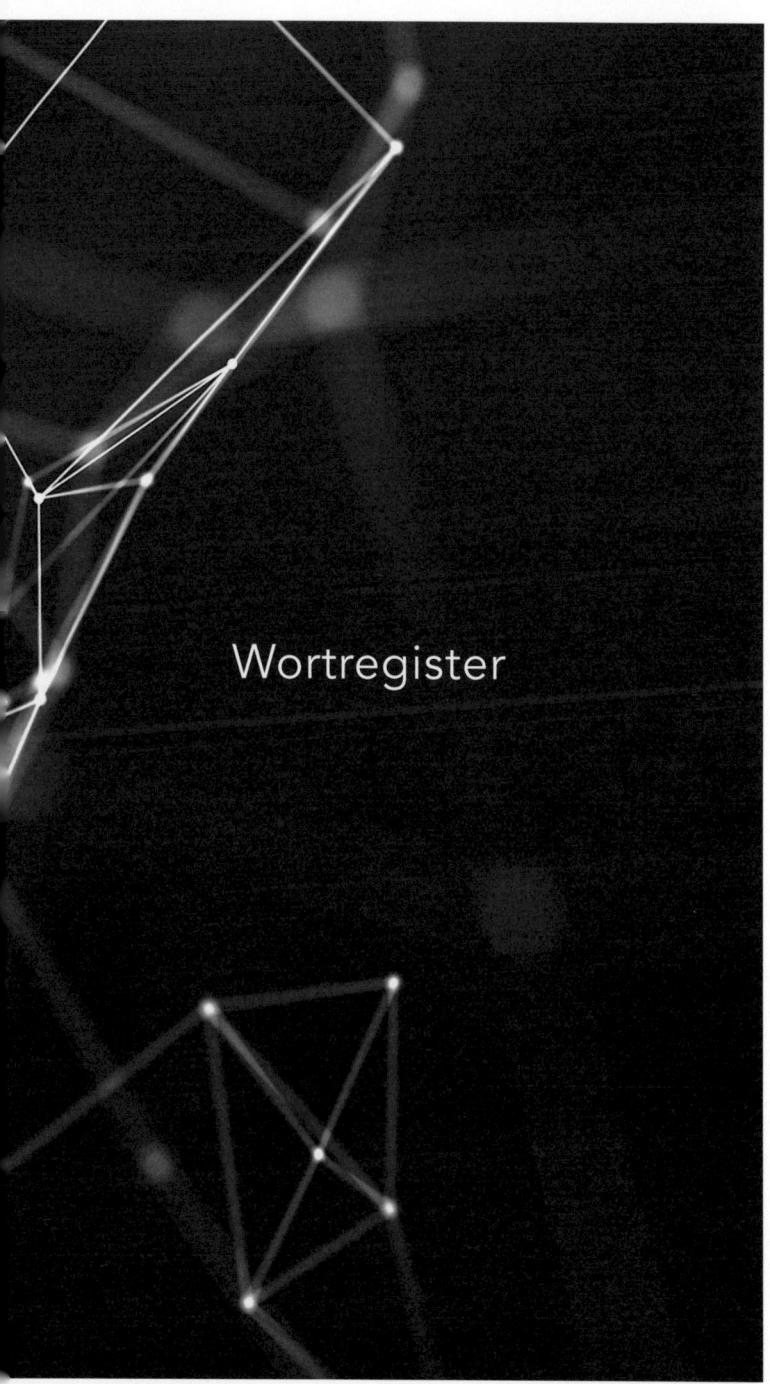

Wortregister

A

Abbild - 37

abbilden - 37

abhängig - 37

Ablenkung - 37

Abneigung - 37

Abstand - 37

abstrakt - 37

Ahnung (1) - 37

Ahnung (2) - 38

aktiv - 38

Aktivität - 38

Aktualisierungstendenz - 38

alt - 38

Analyse - 38

analysieren - 38

andere(-r,-s) - 39

anders - 39

Anfang (1) - 39

Anfang (2) - 39

anfangen - 39

angemessen - 39

angenehm - 39

Angeordnetheit/Anordnung - 39/40

Angst - 40

B

C

D

E

F

G

H

I

J

jung - 74

K

L

M

N

P

Q

R

S

T

W

Z

Zitate und Literaturquellen

In der Reihenfolge, wie sie in diesem Buch erscheinen

---

12   *Die Welt ist alles:* Aus **Tractatus logico-philosophicus** von **Ludwig Wittgenstein**, 1921.

19   *So habe ich über Gott:* Aus **Brief an Oldenburg** von **Benedictus de Spinoza**, in Baruch de Spinoza: Brief-wechsel, herausgegeben von Manfred Walther, Zeilen 17–22, Nov.–Dez. 1675.

21   *Aber obschon das Weltgesetz:* **Heraklit, Fragment DK, B2.**

57   *Die Gegenwart ist immer da:* Aus **Die Welt als Wille und Vorstellung** von **Arthur Schopenhauer**, erster Band, §54.

78   *Die Wahrheit ist eine leuchtende:* Aus **„University Education"** in **Fact and Fiction** von **Bertrand Russell**, London 1961.

100   *Von einem gewissen Punkt:* Aus **„Du bist die Aufgabe": Aphorismen** von **Franz Kafka**, Göttingen 2019.

116   *Dem Göttlichen kann nichts:* Aus **Avadhuta Gita**, Kapitel 4, Vers 1.

Ioannis Tzivanakis Verlag, Hamburg 2021.

Printed in Germany.

ISBN 978-3-940493-34-7

www.wortschatzdeslebens.com

Bibliografische Information der Deutschen Nationalbibliothek:
Die Deutsche Nationalbibliothek verzeichnet diese Publikation
in der Deutschen Nationalbibliografie; detaillierte bibliografische Daten sind im Internet über www.dnb.de abrufbar.

Weitere Veröffentlichungen

von Ioannis Tzivanakis

ADHS
ENTSCHLÜSSELT
IOANNIS TZIVANAKIS

DIE QUELLEN VON ADHS & IHRE
TRANSFORMATIVE KRAFT

ITV

IOANNIS TZIVANAKIS

SCHULASTHENIE

ITV

Ioannis Tzivanakis

Aufmerksamkeits-
Beratung

ITV

ioannis tzivanakis

ADHS
transformieren

ITV

Über den Autor

Ioannis Tzivanakis studierte Linguistik und Sprachphilosophie an der Universität Bremen. Seine Schwerpunkte waren *Semantik, Bewusstseinsforschung* und *Ganzheitlichkeit*.

Seit 1996 arbeitet er als Ausbilder, Coach und Berater in den Bereichen *Lernintelligenz, ADHS, Lebensberatung und Spiritualität* sowohl in Deutschland als auch weltweit.

2006 und 2007 gab er vier Ausgaben des *Lernintelligenz-Magazins* heraus zu den Themen *Lerngrundlagen, Lernintelligenz, Management* und *Spiritualität*.

2013 und 2018 erschienen seine Bücher „Schulasthenie" und „ADHS entschlüsselt" und 2021 seine Schriften „Aufmerksamkeitsberatung" und „lernfrei".

Weitere Informationen finden Sie im Internet unter: www.tzivanakis.de